Sophie A. Carter

Eco -Anxiety

Ich hab Angst um die Welt – und jetzt?

Ein Ratgeber gegen Klimaangst, Zukunftssorgen und das Gefühl, machtlos zu sein

Impressum

Titel: *Eco-Anxiety / Ich hab Angst um die Welt – und jetzt?*
Ein Ratgeber gegen Klimaangst, Zukunftssorgen und das Gefühl, machtlos zu sein.

Autorin: Sophie A. Carter

Copyright: © 2025 Sophie A. Carter

Verlag: BoD · Books on Demand GmbH, Überseering 33, 22297 Hamburg, bod@bod.de

Druck: Libri Plureos GmbH, Friedensallee 273, 22763 Hamburg

ISBN: 978-3-8192-3030-1

Covergestaltung & Buchsatz: Sophie A. Carter

Erstveröffentlichung: Mai 2025

Inhaltsverzeichnis

Einleitung

Warum dieses Buch?

Vielleicht hast du in letzter Zeit öfter das Gefühl, dass die Welt sich zu schnell verändert. Dass die Nachrichten schwer auf deinem Herzen lasten. Dass du nachts wach liegst und dich fragst: *Wohin führt das alles?*

Dieses Buch ist für dich, wenn du dir Sorgen machst. Um das Klima, um Tiere, um Menschen, die du gar nicht kennst – und doch liebst. Wenn du spürst, dass etwas nicht stimmt, aber niemand dir sagt, wie du damit umgehen sollst.

Es ist ein Buch für alle, die fühlen, dass das Klima nicht nur die Temperatur betrifft – sondern auch unser Innerstes. Für alle, die **nicht gleichgültig bleiben können**, aber auch nicht untergehen wollen in der Welle aus schlechten Nachrichten.

Ich habe dieses Buch geschrieben, um dir zu zeigen: **Du bist nicht verrückt. Du bist nicht allein. Und du bist nicht machtlos.**

Wenn die Angst um die Welt dich nicht mehr loslässt

Vielleicht hast du es schon erlebt: Ein Bericht über das Abschmelzen der Gletscher. Bilder von ausgetrockneten Flüssen. Ein Kind, das fragt: *„Mama, wird es die Eisbären bald nicht mehr geben?"*

Und plötzlich zieht sich in dir alles zusammen. Dein Herz rast. Du spürst Wut, Trauer, Schuld – oder einfach nur diese lähmende Angst.

Das ist Eco-Anxiety. Und du bist nicht allein damit.

7

Diese Angst ist kein Zeichen von Schwäche. Sie ist ein Beweis dafür, dass du verbunden bist. Mit der Erde. Mit allem, was lebt. Mit dem Wunsch, etwas zu bewahren, was dir heilig ist – auch wenn du es vielleicht nie so genannt hast.

Dieses Buch ist ein Kompass für alle, die zwischen Weltrettung und Erschöpfung hin- und hergerissen sind. Für alle, die den Schmerz fühlen – und trotzdem Hoffnung behalten wollen.

Bin ich verrückt – oder einfach nur wach?

Viele junge, sensible und bewusste Menschen stellen sich genau diese Frage:
„Warum betrifft mich das alles so sehr?"
„Warum kann ich nicht einfach weitermachen wie andere?"
„Was stimmt nicht mit mir?"

Die Antwort ist einfach: **Mit dir ist nichts falsch. Du bist einfach wach.**

In einer Welt, in der viele sich taub stellen, ist dein Fühlen ein Akt der Klarheit. Es zeigt, dass dein Herz nicht abgestumpft ist. Dass du siehst, was ist – und dass du liebst, was vergeht.

Dieses Buch möchte dich begleiten auf dem Weg von der Lähmung in die Kraft. Von der Angst in die Handlung. Von der Einsamkeit in die Verbundenheit.

Denn: Die Welt braucht dich. Nicht perfekt. Sondern mitfühlend, ehrlich und mutig.

Teil 1 – Was du fühlst, ist real: Klimaangst verstehen

1. Was ist Eco-Anxiety – und warum betrifft sie so viele? (Langfassung)

Vielleicht beginnt es ganz leise.

Ein Gedanke beim Zähneputzen: *Wie lange wird es noch sauberes Trinkwasser geben?*

Ein Moment, wenn du durch Social Media scrollst und plötzlich dieses Video siehst – Flammen, Überschwemmungen, Tiere auf der Flucht.

Oder wenn ein Kind dich fragt:

„Mama, was passiert, wenn die Bäume sterben?"

Und du merkst, dass sich in dir etwas zusammenzieht.
Nicht nur Mitleid.
Sondern eine tiefe, bohrende Angst. Eine, die bleibt.
Und sich manchmal anfühlt, als würde sie deine ganze Zukunft verschlucken.

Das nennt man heute **Eco-Anxiety** – Klimaangst.

Was genau ist Eco-Anxiety?

Eco-Anxiety ist **keine psychische Störung**, kein Makel, kein Zeichen von Schwäche.

Es ist ein **emotional und kognitiv nachvollziehbarer Zustand**, der entsteht, wenn wir begreifen, dass unser Planet in Gefahr ist – und mit ihm alles, was wir lieben.

9

Die American Psychological Association beschreibt Eco-Anxiety als „chronische Angst vor einem Umweltuntergang".
Aber in Wahrheit ist sie viel mehr als das.

Sie ist ein **Spiegel unserer Empathie.**
Ein Zeichen dafür, dass wir verbunden sind mit dieser Welt.
Mit Bäumen, Kindern, Tieren, Menschen in anderen Ländern –
auch wenn wir sie nie getroffen haben.

Warum betrifft es so viele – besonders die Jüngeren?

Weil wir die Ersten sind, die mit voller Wucht realisieren:
Die Zukunft ist nicht selbstverständlich.

Unsere Großeltern kämpften um Frieden.
Unsere Eltern um Wohlstand.
Und wir?
Wir kämpfen darum, ob es überhaupt noch ein „Später" gibt.

Gleichzeitig sind wir **daueronline.** Jeden Tag sehen wir Bilder, Videos, Nachrichten, Tweets, Posts –
manche warnend, manche schockierend, manche apokalyptisch.
Unser Gehirn ist **nicht dafür gemacht**, so viele Krisen gleichzeitig zu verarbeiten.

Und während frühere Generationen sagen konnten:
„Davon wusste ich nichts",
können wir das nicht mehr sagen.
Wir wissen.
Und genau das ist der Ursprung der Angst.

10

Die emotionale Dynamik hinter Eco-Anxiety

Eco-Anxiety ist nicht einfach „Angst".
Sie ist ein **Geflecht** aus Gefühlen:

- **Trauer** – über das, was verloren geht

- **Wut** – über politische Untätigkeit oder Gleichgültigkeit

- **Schuld** – weil du das Gefühl hast, nicht genug zu tun

- **Überforderung** – weil die Krise zu groß scheint

- **Isolation** – weil kaum jemand darüber spricht

- **Ohnmacht** – weil du die Welt nicht alleine retten kannst

Und oft mischen sich auch Hoffnung,
Verantwortungsbewusstsein und ein starker Wunsch nach Sinn
dazu.
**Es ist ein emotionales Durcheinander – und trotzdem
vollkommen verständlich.**

Wer ist besonders betroffen?

- **Junge Menschen** zwischen 12 und 35 – weil sie die
  Zukunft am meisten betrifft

- **Hochsensible Menschen** – weil sie intensiver fühlen und
  tiefer empfinden

- **Engagierte Menschen** – Aktivist*innen*,
  *Umweltfreund*innen, Idealist*innen

- **Eltern** – die sich fragen, welche Welt ihre Kinder erleben
  werden

11

- **Pädagog*innen*, *Pfleger*innen, Coaches** – die Verantwortung spüren, aber keine Lösungen bieten können

Wenn du dich hier wiederfindest: Du bist nicht „zu empfindlich".
Du bist wach, empathisch – und damit genau der Mensch, den diese Welt braucht.

Ein persönlicher Gedanke

Manchmal glaube ich, dass diese Angst auch ein Geschenk sein kann.
Ein unbequemes, schweres, aber ehrliches Geschenk.
Denn sie zeigt:
Du liebst.
Du hoffst.
Du bist bereit, dich berühren zu lassen.

Das Gegenteil von Angst ist nicht Mut.
Sondern Gleichgültigkeit.
Und du bist nicht gleichgültig.
Du fühlst. Du siehst. Du bist wach.

Und dieses Buch soll dir helfen, mit all dem besser umzugehen –
ohne dich selbst zu verlieren.

2. Die Psyche in der Klimakrise: Zwischen Ohnmacht, Scham und Überforderung

Stell dir vor, du wachst morgens auf.
Du öffnest die Nachrichten.
Und siehst: Waldbrände in Kanada.
Hitzewellen in Südeuropa.
Mikroplastik in Embryonen gefunden.
Ein Eisbär, der orientierungslos auf Beton umherirrt.

Du legst dein Handy weg – aber das Gefühl bleibt.

Ein Druck auf der Brust.
Ein dumpfes Ziehen im Magen.
Gedanken, die sich drehen, ohne anzukommen.
Schuld. Angst. Wut. Und dann wieder: Leere.

Willkommen im emotionalen Ausnahmezustand, den wir **Klimarealität** nennen – und für den unsere Psyche nie vorbereitet war.

Warum unsere Psyche überfordert ist

Unsere psychische Grundstruktur stammt aus einer Zeit, in der Gefahren konkret, nah und lösbar waren:
Ein Säbelzahntiger. Ein drohender Winter. Eine Streitigkeit im Dorf.

Heute dagegen sehen wir:

- **Globale Krisen**, die weit entfernt beginnen – aber uns alle betreffen

- **Langsame Katastrophen**, die sich über Jahre entwickeln – ohne klaren Höhepunkt

- **Komplexe Zusammenhänge**, die sich schwer durchschauen lassen

- **Keine eindeutigen Lösungen**, sondern nur Dilemmata

Unser Gehirn kommt damit nur schwer zurecht. Es sucht nach Handlung, Kontrolle, Klarheit.
Doch die Klimakrise liefert uns: Überforderung, Dauerstress, Ambivalenz.

Drei emotionale Hauptreaktionen auf die Klimakrise

1. Ohnmacht

„Ich kann doch sowieso nichts ändern."

- Das Gefühl, einer riesigen Bedrohung ausgeliefert zu sein

- Kein klares Ziel – nur die schiere Größe der Krise

- Stresshormone wie Cortisol steigen dauerhaft an

- Die Folge: Erschöpfung, Rückzug, Resignation

2. Scham

„Ich bin Teil des Problems."

- Schuldgefühle für das eigene Verhalten (Flüge, Konsum, Fleisch)

- Versagensgefühle, wenn man nicht „klimakonform" lebt

14

- Innere Kritik: „Ich mache nicht genug"

- Gefahr: Selbstabwertung statt Selbstwirksamkeit

3. Überforderung

„Ich weiß nicht, wo ich anfangen soll."

- Reizüberflutung durch Nachrichten, Studien, Debatten

- Perfektionsdruck: „Nur wer alles richtig macht, zählt"

- Angst, Fehler zu machen oder angegriffen zu werden

- Folge: Emotionales Abschalten, Verdrängung

Psychische Reaktionen auf Dauerstress – was in dir passiert

Reaktion	Beschreibung	Typische Symptome
Fight (Kampf)	Aktivismus, Wut, Drang zu handeln	Gereiztheit, Schlaflosigkeit
Flight (Flucht)	Vermeidung, Ablenkung	Social Media Sucht, Eskapismus
Freeze (Erstarrung)	Totale Überforderung, Rückzug	Antriebslosigkeit, Leere
Fawn (Anpassung)	Überangepasstes Verhalten	„Ich tu alles richtig, bin aber innerlich leer"

Diese Reaktionen sind **nicht falsch** – sie sind ein Versuch deiner Psyche, irgendwie mit dem Untragbaren umzugehen.

15

Wie du dich in der Krise selbst verlierst

Viele Menschen berichten davon, dass sie sich selbst nicht mehr wiedererkennen:

- Manchmal bist du voller Tatendrang – und am nächsten Tag leer und mutlos.
- Du willst alles richtig machen – und fühlst dich trotzdem schuldig.
- Du weißt, wie wichtig Hoffnung ist – aber dein Kopf füttert dich nur mit Untergangsszenarien.

Das ist kein Zeichen von Schwäche.
Es ist ein Zeichen von Überforderung. Von zu viel Input – und zu wenig emotionalem Halt.

Denn wir sprechen viel über CO_2 – aber kaum über das Gefühl, wenn man sieht, wie alles schmilzt, verbrennt oder untergeht.

Was hilft inmitten dieser Gefühlsflut?

1. Benenne deine Gefühle.
Sage nicht nur „Ich habe Angst", sondern:
„Ich bin traurig über das, was verloren geht."
„Ich bin wütend über das, was nicht getan wird."
„Ich schäme mich, weil ich mich ohnmächtig fühle."

2. Erkenne an, dass es nicht an dir liegt.
Du reagierst gesund auf eine kranke Welt.
Du fühlst nicht zu viel – du fühlst genau das, was richtig ist.

3. Suche psychische Anker.

Statt dich jeden Tag mit neuen Nachrichten zu überfluten, schaffe Räume, in denen du still wirst.

In denen du einfach nur bist. Ohne müssen. Ohne Schuld. Ohne Druck.

Du bist nicht kaputt – du bist verbunden

Was, wenn wir Eco-Anxiety nicht als psychisches Problem, sondern als **kollektives Erwachen** verstehen?

Was, wenn deine inneren Stürme ein Zeichen dafür sind, dass du noch immer liebst, hoffst, träumst?

Dann ist das keine Krankheit.
Sondern ein Weckruf.
Und du bist nicht verrückt.
Du bist lebendig.

3. Die 4 Gesichter der Klimaangst: Trauer, Wut, Schuld und Angst

Klimaangst fühlt sich oft nicht wie reine Angst an.
Sie ist ein ganzer **emotionaler Kosmos**, der dich auf verschiedene Arten trifft – mal leise, mal laut.
Mal lähmend, mal aufwühlend.

Je nach Persönlichkeit, Erfahrung und Tagesform zeigen sich diese Gefühle unterschiedlich. Doch sie haben eines gemeinsam:
Sie zeigen, dass dir etwas nicht egal ist.

In diesem Kapitel werfen wir einen genauen Blick auf die vier häufigsten emotionalen Reaktionen, die sich hinter dem Begriff „Eco-Anxiety" verbergen:

---

1. Trauer – die stille Verzweiflung

„Ich spüre so eine tiefe Traurigkeit in mir – manchmal ohne genau zu wissen, warum."

Trauer ist oft die erste Schicht der Klimaangst.
Nicht die Art von Trauer, die man nach einem konkreten Verlust kennt – sondern eine **existenzielle Trauer**, die sich auf das große Ganze bezieht:

- Du trauerst um Wälder, die brennen

- Um Tiere, die aussterben

- Um Jahreszeiten, die sich verschieben

- Um das verlorene Gefühl von Sicherheit und Zukunft

18

Diese Form der Trauer nennt man auch **„ökologische Trauer"**. Sie ist schwer zu greifen, aber zutiefst menschlich.

Typische Anzeichen:

- Gefühl von Sinnlosigkeit oder innerer Leere

- Erschöpfung, obwohl du körperlich fit bist

- Rückzug, Melancholie, emotionale Fragilität

- Ein stiller, unterschwelliger Schmerz – wie ein gebrochenes Herz

💬 *„Ich habe das Gefühl, etwas zu verlieren, das ich nie ganz hatte."*

---

2. Wut – die Energie, die auf Veränderung drängt

„Warum macht niemand was?! Wie kann man nur so gleichgültig sein?!"

Wut ist ein **hochintelligentes Gefühl**.
Sie zeigt dir, dass eine Grenze überschritten wurde.
Dass etwas nicht stimmt – und du bereit bist, dafür einzustehen.

In Bezug auf die Klimakrise richtet sich Wut oft gegen:

- Politiker*innen, die leere Versprechen geben

- Konzerne, die Profit über Leben stellen

- Menschen, die wegsehen oder abwinken

- Dich selbst – weil du denkst, nicht genug zu tun

19

Wut wird oft unterdrückt, besonders bei sensiblen Menschen oder Frauen, die gelernt haben: *„Sei brav, nicht laut."*

Aber: **Wut ist kein Feind.**
Sie ist eine Quelle von Klarheit und Handlungskraft – wenn du lernst, sie zu nutzen.

Typische Anzeichen:

- Gereiztheit, innere Unruhe

- Sarkasmus, Zynismus

- Gefühl von Ungerechtigkeit oder Kontrollverlust

- Bedürfnis, laut zu werden oder dich zu verteidigen

💬 *„Ich kann nicht verstehen, wie Menschen so tun, als wäre alles in Ordnung."*

---

3. Schuld – der lähmende Blick nach innen

„Ich weiß, dass ich Teil des Problems bin."

Die Klimakrise konfrontiert uns mit unangenehmen Wahrheiten:
Wir leben in einem System, das auf Ausbeutung basiert.
Und obwohl wir vielleicht anders leben wollen – sind wir oft Teil davon.

Das erzeugt ein tiefes Schuldgefühl:

- Weil du fliegst, obwohl du es vermeiden wolltest

- Weil du Fleisch isst, obwohl du Tierleid ablehnst

- Weil du konsumierst, obwohl du weißt, was es anrichtet

- Weil du denkst, du müsstest mehr tun

Diese Schuld kann lähmen. Oder dich zerreißen.
Vor allem, wenn sie sich in **Scham** verwandelt – dem Gefühl:
„Ich bin schlecht."

Doch Schuld ist nicht per se schlecht.
Wenn sie dich nicht zerstört, sondern anstößt – kann sie zur
Veränderung führen.

Typische Anzeichen:

- Dauerndes „Ich sollte ..."-Denken

- Rückzug oder moralische Überforderung

- Gefühl, nie genug zu tun

- Selbstabwertung oder innere Härte

💬 *„Ich schäme mich für mein Verhalten – aber ich weiß nicht,*
wie ich es anders machen soll."

---

4. Angst – der ständige Alarmzustand

„Was, wenn alles wirklich zusammenbricht?"

Angst ist das Kerngefühl hinter dem Begriff Eco-Anxiety.
Aber sie tritt oft verdeckt auf – als:

- Unruhe

- Schlafstörungen

- Katastrophendenken

- Übermäßiges Kontrollbedürfnis

21

Diese Angst hat viele Formen:

- **Zukunftsangst**: „Werde ich jemals Kinder bekommen können?"

- **Versorgungsangst**: „Werden wir genug Wasser, Essen, Energie haben?"

- **Verlustangst**: „Was passiert mit den Orten, die ich liebe?"

- **Todesangst**: „Geht es am Ende um das Aussterben des Menschen?"

Angst hat evolutionär die Funktion, dich zu schützen.
Doch in der Klimakrise weiß sie nicht mehr, wohin – weil die Bedrohung unsichtbar, komplex und dauerhaft ist.

Typische Anzeichen:

- Grübelschleifen

- Panik bei Nachrichten

- Gefühl der Machtlosigkeit

- Vermeidungsverhalten

💬 *„Ich funktioniere noch – aber innerlich bin ich im Ausnahmezustand."*

Und was jetzt?

Vielleicht hast du dich in einem dieser Gefühle wiedergefunden.
Vielleicht in allen.

22

Wichtig zu wissen:

- Du bist nicht „zu emotional" – du bist menschlich.

- Diese Gefühle sind nicht deine Feinde – sie wollen dir etwas zeigen.

- Du musst sie nicht sofort lösen – aber du darfst lernen, mit ihnen umzugehen.

Denn hinter jedem dieser Gefühle steckt ein Wert:

Gefühl	Tiefe Botschaft
Trauer	Du liebst das Leben.
Wut	Du willst Gerechtigkeit.
Schuld	Du übernimmst Verantwortung.
Angst	Du willst Sicherheit für dich und andere.

Wenn du lernst, diese Botschaften zu hören –

wird aus Angst vielleicht eines Tages Mut.

4. Warum dein Körper auf Alarm schaltet – und was das mit dir macht

Dein Herz rast.

Deine Schultern sind angespannt.

Dein Bauch zieht sich zusammen.

Du fühlst dich innerlich unruhig – aber kannst nicht genau sagen, warum.

Vielleicht hast du gerade nur einen Artikel gelesen. Oder einen Kommentar auf Social Media. Oder du hast nur kurz an die Zukunft gedacht.

Und plötzlich reagiert dein ganzer Körper.

Willkommen im **biologischen Stresssystem**, das in der Klimakrise kaum zur Ruhe kommt.

Angst ist nicht nur ein Gefühl – sondern ein körperlicher Zustand

Oft denken wir bei Angst an Gedanken.

Aber Angst beginnt **im Körper** – lange bevor du bewusst begreifst, was eigentlich los ist.

Denn dein Gehirn ist nicht nur ein Denkorgan – es ist vor allem ein **Gefahrensensor**.

So funktioniert der Alarm:

1. Du siehst, liest oder hörst etwas, das dein Gehirn als Bedrohung einstuft (z. B. „Das Polareis schmilzt schneller als gedacht").

24

2. Dein limbisches System – vor allem die Amygdala – schlägt Alarm.

3. Es aktiviert dein vegetatives Nervensystem: **Fight, Flight oder Freeze.**

4. Hormone wie **Adrenalin** und **Cortisol** werden ausgeschüttet.

5. Dein Körper versetzt sich in **Alarmbereitschaft**.

Das kann passieren, **auch wenn du ruhig dasitzt und „nur" über die Welt nachdenkst.**

Denn dein Körper unterscheidet nicht zwischen *realer Bedrohung* und *gedachter Bedrohung*. Für ihn ist beides echt.

Typische körperliche Reaktionen auf Klimaangst

Körpersystem	Typische Reaktionen bei Eco-Anxiety
Herz-Kreislauf	Herzrasen, erhöhter Puls, kalte Hände
Atmung	Flach, schnell, unregelmäßig
Muskulatur	Verspannungen, Zähneknirschen, Ruhelosigkeit
Verdauung	Magenschmerzen, Übelkeit, Appetitverlust
Immunsystem	Anfälligkeit für Infekte bei Dauerstress

Diese Reaktionen sind nicht eingebildet – sie sind **messbar, real und nachvollziehbar.**

Chronischer Klimastress: Wenn der Körper nicht mehr abschaltet

Viele Menschen mit Eco-Anxiety berichten von:

- **ständiger innerer Unruhe**
- **Schlafproblemen**
- **Zittergefühlen oder Nervosität**
- **körperlicher Erschöpfung ohne Grund**
- **plötzlichen Angstanfällen beim Gedanken an die Zukunft**

Der Grund:
Wenn dein Körper ständig auf *„Achtung, Gefahr!"* geschaltet ist, wird **dein Nervensystem überlastet.**

Statt zwischen Anspannung und Entspannung zu wechseln, bleibt dein Körper in einer **Daueranspannung** stecken.
Das kann langfristig zu psychosomatischen Beschwerden, Depressionen, Burnout oder Angststörungen führen.

Ein Beispiel aus der Praxis:

Lina, 23, beschreibt ihre Erfahrung so:

„Ich habe irgendwann gemerkt, dass ich beim Thema Klima automatisch die Luft anhalte.
Es war, als würde mein Körper gar nicht mehr entspannen.
Ich konnte mich nicht konzentrieren, war dauererschöpft und hab mich gefragt:

26

Was stimmt nicht mit mir? Dabei war es einfach: Mein Körper war ständig im Überlebensmodus."

Was hilft deinem Körper, wieder runterzukommen?

Das Ziel ist nicht, **die Angst wegzumachen** – sondern, dem Körper wieder zu zeigen:
Ich bin sicher. Ich darf mich entspannen.

Erste Hilfe für den Körper bei Klimastress:

1. Atmen – bewusst, tief, regelmäßig

Tiefe Bauchatmung signalisiert dem Nervensystem: *Keine akute Gefahr*
→ 4 Sekunden ein – 6 Sekunden aus – 5-mal wiederholen

2. Bewegung – nicht um zu fliehen, sondern zu regulieren

Spaziergänge, Tanzen, Dehnen – alles, was dich in deinen Körper zurückbringt

3. Berührung & Schwere

Wärmeflasche, schweres Kissen, Umarmung – der Körper braucht Beruhigung über die Haut

4. Begrenzung des Inputs

Weniger News, gezielte digitale Pausen – dein Nervensystem kann nicht unendlich aufnehmen

5. Naturkontakt

Der Körper erinnert sich an Sicherheit durch natürliche Umgebung – Wald, Wiese, Wasser

27

Du bist nicht überempfindlich – du bist hochwachsam

Wenn dein Körper stark reagiert, bedeutet das nicht, dass du schwach bist.

Sondern dass du sensibel wahrnimmst, was um dich herum geschieht.

Dein Körper will dich schützen – aber er braucht deine Hilfe, um nicht im Alarmzustand stecken zu bleiben.

🏺 *Lerne, ihn zu beruhigen, zu nähren, zu entlasten.*

Denn dein Körper ist nicht dein Gegner – er ist dein Partner in einer chaotischen Welt.

5. Du bist nicht allein: Stimmen anderer junger Menschen

Eines der schwersten Gefühle inmitten der Klimaangst ist das Gefühl, **allein damit zu sein**.

Vielleicht kennst du es: Du sitzt mit Freund*innen im Café, und während andere über Urlaubspläne oder Outfits sprechen, denkst du dir still:
„Wie könnt ihr an sowas denken, wenn die Welt gerade brennt?"

Doch du sagst nichts. Du lächelst.
Und in dir tobt ein stiller Sturm.

Dieses Kapitel ist eine Pause vom Alleinsein.
Es ist eine Einladung, dich **verbunden zu fühlen** – mit echten Stimmen, echten Gedanken, echten Gefühlen.
Von jungen Menschen wie dir.

💚 Stimmen aus einer wachen Generation

Mia, 19
„Ich weine manchmal, wenn ich daran denke, dass ich vielleicht keine Kinder bekomme – nicht, weil ich nicht will, sondern weil ich ihnen diese Welt nicht zumuten will. Das bricht mir das Herz. Und ich kenne niemanden, mit dem ich darüber sprechen kann."

29

Luca, 24

„Ich war früher eher rational unterwegs. Zahlen, Fakten, Politik. Aber irgendwann hat's mich richtig erwischt. Plötzlich konnte ich nachts nicht mehr schlafen. Ich hab geträumt, dass der Himmel brennt. Seitdem versteh ich: Die Klimakrise ist auch eine emotionale Krise."

—

Amira, 17

„Ich bin in einer Familie groß geworden, wo Klima kein Thema war. Ich bin die Erste, die überhaupt sowas wie CO_2 versteht. Aber das macht mich einsam. Weil ich mich ständig erklären muss. Und weil ich nicht mehr zurück kann in diese Unwissenheit."

—

Jonas, 21

„Es ist nicht so, dass ich jeden Tag Angst habe. Aber es ist wie ein Grundrauschen. Ich kann mich nicht mehr unbeschwert freuen – weil immer diese Frage im Hintergrund ist: Wird das alles bald vorbei sein?"

—

Elena, 26

„Ich arbeite im sozialen Bereich, mit Kindern. Und manchmal breche ich innerlich zusammen, wenn ich in ihre Augen sehe. Weil ich denke: Ihr habt es nicht verdient, in so eine Welt geboren zu werden. Und trotzdem müssen wir ihnen Mut machen. Das ist ein harter Spagat."

Timo, 22

„Ich hab irgendwann aufgehört, über Klima zu reden, weil ich das Gefühl hatte, alle genervt zu haben. Aber in mir ist die Angst geblieben. Ich fühle mich oft wie ein Alien – in einer Welt, in der alle so tun, als wär alles normal."

Was alle verbindet:

Wenn man all diese Stimmen liest, erkennt man schnell:

- Diese Menschen kommen aus unterschiedlichen Hintergründen
- Sie nutzen unterschiedliche Worte
- Manche sind wütend, andere traurig, manche still

Aber sie alle haben eines gemeinsam:
→ Sie *fühlen*.
→ Sie *sehen*.
→ Sie *sind wach*.

Warum es hilft, zu hören: Du bist nicht allein

🖤 Das Gefühl von Verbundenheit reduziert Angst.

🖤 Es bricht das Schweigen.

🖤 Es schafft Raum für Mitgefühl – mit anderen und mit dir selbst.

Denn Eco-Anxiety ist **kein individuelles Versagen**.
Sie ist eine **kollektive Reaktion auf eine globale Realität.**

Und das bedeutet:

Wenn wir darüber sprechen, fühlen wir uns weniger verrückt.

Wenn wir uns zuhören, fühlen wir uns weniger allein.

Wenn wir uns zeigen, geben wir anderen die Erlaubnis, auch zu fühlen.

Ein kurzer Impuls zum Abschluss:

Mach dein Inneres sichtbar.
Schreib auf, was dich bewegt.
Sag einem Menschen in deinem Umfeld, was dich beschäftigt.
Oder beginne, wie hier, eine Sammlung von Stimmen.

Denn die vielleicht heilsamste Antwort auf Klimaangst ist:
gemeinsam fühlen.

Selbsttest – Wie stark betrifft mich Eco-Anxiety?

Kreuze alle Aussagen an, die du aus eigener Erfahrung kennst oder die regelmäßig auf dich zutreffen.
Es gibt kein „richtig" oder „falsch". Je mehr du ankreuzt, desto mehr zeigt sich, dass Klimaangst ein Thema in deinem Leben ist – emotional, körperlich oder gedanklich.

❤️ Emotionale Anzeichen

[ ] Ich habe oft ein mulmiges Gefühl, wenn ich an die Zukunft denke.
[ ] Ich fühle mich regelmäßig traurig, wenn ich Nachrichten über die Klimakrise sehe.
[ ] Ich vermeide manchmal Gespräche über Klima oder Umwelt, weil sie mich zu sehr belasten.
[ ] Ich bin oft wütend über Untätigkeit in Politik und Gesellschaft.
[ ] Ich habe das Gefühl, mit meinen Emotionen zu diesem Thema allein zu sein.

❤️ Körperliche Reaktionen

[ ] Mein Körper reagiert spürbar (z. B. Unruhe, Druck im Magen), wenn ich über die Klimakrise nachdenke.
[ ] Ich schlafe schlechter, weil ich oft grüble oder mich innerlich angespannt fühle.
[ ] Ich spüre eine dauerhafte innere Anspannung oder

33

Erschöpfung, ohne konkreten Anlass.

[ ] Ich atme oft flach oder halte unbewusst den Atem an, wenn ich Klima-Inhalte konsumiere.

[ ] Ich habe diffuse körperliche Beschwerden (z. B. Kopfschmerzen, Verspannungen), die mit Stress zusammenhängen könnten.

♥ Gedanken & Verhalten

[ ] Ich habe häufig Schuldgefühle, weil ich denke, ich tue nicht genug für den Planeten.

[ ] Ich ändere mein Verhalten (z. B. Reisen, Konsum), auch wenn es mich emotional belastet.

[ ] Ich vergleiche mich mit anderen und habe das Gefühl, nicht genug zu leisten.

[ ] Ich bin oft gedanklich bei Klimathemen, auch wenn ich mich eigentlich entspannen will.

[ ] Ich habe Angst, dass unsere Welt in wenigen Jahren nicht mehr lebenswert sein wird.

Auswertung

Zähle einfach, wie viele Kästchen du angekreuzt hast:

Anzahl Kreuze	Was das zeigt
0–4	Klimaangst spielt in deinem Alltag aktuell keine zentrale Rolle – du scheinst dich gut schützen oder abgrenzen zu können.
5–9	Du spürst deutliche emotionale oder körperliche Auswirkungen – deine Psyche nimmt die Krise ernst. Achte gut auf dich und deine Grenzen.
10–15	Eco-Anxiety prägt deinen Alltag stark. Du fühlst viel – und trägst viel. Dieses Buch kann dir helfen, dich selbst besser zu verstehen und neue Wege zu finden.

💜 **Ergebnis egal – was zählt, ist dein Gefühl. Wenn du dich betroffen fühlst, ist das schon Grund genug, liebevoll mit dir umzugehen.**

Teil 2 – Zwischen Weltschmerz und Hoffnung: Was hilft wirklich?

6. Der erste Schritt: Deine Gefühle ernst nehmen

Vielleicht hast du dir all das schon oft gesagt:

„Ich übertreibe."
„Andere haben es schlimmer."
„Ich sollte mich zusammenreißen."
„So schlimm ist es doch (noch) nicht."
„Ich bin einfach zu sensibel."

Und genau hier beginnt das eigentliche Problem.

Denn der erste Schritt, um wirklich gut mit deiner Klimaangst umzugehen, ist nicht, sie zu bekämpfen.
Sondern: **sie anzuerkennen.**

Nicht wegschieben. Nicht schönreden. Nicht vergleichen.
Einfach *ernst nehmen*, was du fühlst.

Warum wir unsere Gefühle oft selbst kleinreden

Es gibt gute Gründe, warum viele Menschen – vielleicht auch du – ihre Klimaangst nicht ernst nehmen (wollen):

- Weil sie nicht „empfindlich" oder „dramatisch" wirken wollen

- Weil sie Angst haben, zusammenzubrechen, wenn sie wirklich fühlen

36

- Weil sie niemanden im Umfeld haben, der offen mitfühlt

- Weil sie sich schämen, Angst zu haben – und nicht „funktionieren"

Und doch gilt:

Gefühle, die nicht gefühlt werden dürfen, verschwinden nicht. Sie stauen sich. Verkleiden sich. Oder schlagen um – in Erschöpfung, Wut, Rückzug.

Das gilt für **jede Form von Angst** – aber besonders für **Klimaangst**, weil sie ein kollektives Tabu berührt: Die Angst, dass unsere Zukunft nicht sicher ist.

Was es bedeutet, deine Gefühle ernst zu nehmen

- **Du nimmst sie wahr, ohne sie sofort wegzudrücken.** Statt: „Ich darf das nicht fühlen." Sagst du: „Ich fühle das gerade. Und das ist okay."

- **Du hörst auf, dich selbst dafür zu verurteilen.** Statt: „Ich bin zu emotional." Sagst du: „Ich fühle viel – weil mir etwas wichtig ist."

- **Du bleibst neugierig statt abwehrend.** Statt: „Ich will das nicht wissen." Fragst du: „Was will mir dieses Gefühl sagen?"

Denn genau das ist der Wendepunkt:

💜 **Du beginnst, dich als Verbündete*r deiner Gefühle zu begreifen.**

37

Übung: Klimaangst liebevoll benennen

Nimm dir einen Moment. Lies die folgenden Sätze und ergänze sie – schriftlich oder gedanklich – so ehrlich, wie du kannst.

Ich fühle mich überfordert, wenn …

Ich merke die meiste Angst, wenn ich …

Ich schäme mich manchmal, weil …

Ich wünsche mir, dass ich …

Ich würde so gerne mal sagen …

Wenn ich ganz ehrlich bin, dann …

Du musst niemandem davon erzählen.
Aber du darfst es dir selbst eingestehen.
Denn jedes benannte Gefühl verliert etwas von seiner Macht – und gewinnt an Klarheit.

Was du nicht brauchst:

- Noch mehr Selbstkritik

- Noch mehr Fakten, die dich lähmen

- Noch mehr Vergleiche mit anderen

- Noch mehr Schuld

Was du jetzt brauchst:

- Erlaubnis, zu fühlen

- Räume für Stille und Reflexion

38

- Menschen oder Worte, die dich nicht bewerten

- Die Erkenntnis: **Du bist kein Problem. Du reagierst auf eines.**

💬 **Vielleicht hilft dir dieser Perspektivwechsel:**

Nicht du bist zerbrechlich – sondern die Welt ist es.
Und weil du das spürst, weil du verbunden bist,
fühlt es sich manchmal so an, als würdest *du* zerbrechen.

Doch du bist nicht zerbrochen.
Du bist weich geblieben – in einer Zeit, die hart geworden ist.
Und das ist eine Stärke.

7. Wie du gesunde Grenzen zwischen Mitgefühl und Selbstschutz ziehst

Wenn du das hier liest, dann gehörst du wahrscheinlich zu den Menschen,
die viel fühlen.
Die tief empfinden.
Die sich berühren lassen – von Ungerechtigkeit, Leid, Zerstörung.

Mitgefühl ist eine wunderbare Gabe.
Es macht dich menschlich, verbunden, klar.
Doch es kann zur Last werden, wenn du nicht lernst, Grenzen zu ziehen.
Nicht gegen andere – sondern für dich selbst.

Die große Verwechslung: Empathie ≠ Verantwortung

Viele Menschen mit Eco-Anxiety haben unbewusst den Glaubenssatz verinnerlicht:

„Wenn ich etwas fühle, bin ich auch dafür verantwortlich."

Das heißt:

- Wenn du das Leid anderer siehst, fühlst du dich verpflichtet zu helfen

- Wenn du eine schockierende Nachricht liest, musst du etwas tun

- Wenn du dich erholst, fühlst du dich schuldig, weil die Welt gerade brennt

Doch das ist ein Irrtum.

Mitgefühl bedeutet nicht, *alles zu tragen*.

Es bedeutet: *du fühlst mit – aber du bist nicht verantwortlich für alles*.

Warum Mitgefühl ohne Grenzen krank macht

Wenn du dich permanent öffnest, ohne dich zu schützen, entsteht sogenanntes:

👉 **sekundäres Trauma**

– also eine psychische Belastung durch das Miterleben des Leids anderer.

Typische Anzeichen:

- Erschöpfung trotz Ruhe

- Gefühl ständiger Überforderung

- Reizbarkeit, Schlaflosigkeit

- Schuldgefühle beim Nein-Sagen

- Burnout-Symptome

Viele Klimaaktive, Pflegende, Lehrer*innen oder engagierte Menschen rutschen in diesen Zustand – **weil sie glauben, dass Selbstschutz Egoismus ist.**

Aber die Wahrheit ist:

💜 **Selbstschutz ist Mitgefühl mit dir selbst.**

Und das ist die Voraussetzung, um langfristig für andere da sein zu können.

41

5 Strategien, um Mitgefühl in gesunde Bahnen zu lenken

1. Stell dir vor, du bist ein Gefäß.

Du kannst nur geben, was du nicht selbst verlierst.
Wenn du leer bist, hilft dein Mitgefühl niemandem.

Frage dich regelmäßig:
Bin ich gerade noch verbunden – oder bereits überfordert?

---

2. Wähle deine Informationsquellen bewusst.

Nicht alles, was du wissen könntest, musst du auch wissen.

Du darfst Nachrichtenpausen machen.
Du darfst Accounts entfolgen, die dich täglich triggern.
Du darfst selektiv konsumieren – ohne dich dafür zu schämen.

---

3. Setze emotionale Stoppsignale.

Wenn du merkst, dass dich ein Thema zu stark aufwühlt:
Geh raus. Beweg dich. Ruf jemanden an. Atme tief.

Du bist kein schlechter Mensch, wenn du abschaltest.
Du bist ein Mensch, der sich schützt.

---

4. Übe dich im „Mitfühlen ohne Mitleiden".

Das bedeutet:
Du bleibst offen – aber du lässt das Leid nicht zu deinem
machen.

42

Eine hilfreiche innere Haltung:
„Ich sehe dein Leid. Ich erkenne es an. Ich ehre es. Aber ich trage
es nicht für dich."

---

5. Sag bewusst Nein – ohne dich zu erklären.
Nein zur Einladung, wenn du müde bist.
Nein zur Klimadiskussion am Küchentisch, wenn du keine Kraft
hast.
Nein zur Aktivismusgruppe, wenn dein Nervensystem
überfordert ist.
Du darfst Grenzen setzen, bevor du zusammenbrichst.

💜 **Selbstschutz ist kein Verrat an deinen Werten – er ist ein**
Akt der Selbstliebe.
Du darfst weich sein.
Du darfst stark sein.
Und du darfst dich entscheiden, wann du offen bist – und wann
du dich schützt.
Denn **dein Mitgefühl soll dich nicht zerstören.**
Es darf dich leiten – aber nicht auslaugen.

Kleine Reflexionsfrage zum Abschluss:
Was würde ich einer guten Freundin sagen,
wenn sie sich gerade überfordert fühlt von all dem Leid der
Welt?
Und:
Was, wenn ich mir das selbst sagen würde?

43

8. Detox fürs Klima – aber auch für deine Gedanken

Du achtest vielleicht schon darauf, was du isst.

Was du kaufst.

Wohin du fährst.

Was du trägst.

Doch hast du dich auch schon gefragt:

Was lasse ich täglich in meinen Kopf?

Welche Bilder, Nachrichten, Kommentare, Inhalte strömen ununterbrochen in meine Gedankenwelt – ungefiltert, ungehindert, ungefragt?

In einer Welt voller Reize, Krisen, Informationen und Aufschreie ist es nicht nur dein Konsumverhalten, das zählt.

Es ist auch dein mentaler Konsum.

Mentale Verschmutzung – das unsichtbare Gift

Die Klimakrise ist sichtbar: in Bildern von brennenden Wäldern, schmelzendem Eis, überfluteten Dörfern.

Doch sie hat auch eine unsichtbare, stille Nebenwirkung:

mentale Überflutung.

- Nachrichtenflut mit negativem Fokus
- Endloses Scrollen durch Krisen-Content
- Reizüberflutung durch Social Media
- Algorithmen, die Katastrophen besser ranken als Lösungen

Dein Gehirn ist für all das nicht gemacht.

Und dein Nervensystem auch nicht.

Denn: Je mehr du konsumierst, ohne innerlich zu verarbeiten, desto größer wird das Gefühl von Hilflosigkeit, Überforderung und innerem Lärm.

44

Doomscrolling – und warum du kaum davon loskommst

„Nur mal kurz gucken …"

Und ehe du dich versiehst, sind 45 Minuten vergangen.

Du hast zehn Posts gelesen, sieben Storys geschaut, vier Headlines gesehen – und fühlst dich schlechter als vorher.

Doomscrolling bedeutet:

Das zwanghafte Konsumieren negativer Nachrichten – mit dem Gefühl, informiert sein zu müssen, während du dich innerlich immer leerer fühlst.

Warum ist das so schwer zu stoppen?

Weil dein Gehirn *Gefahr* wichtiger findet als *Hoffnung*.

Negativität bindet Aufmerksamkeit.

Das ist evolutionär – aber heute toxisch.

Gedankengifte erkennen – eine Checkliste

Kreuze gedanklich an, was auf dich zutrifft:

- Ich beginne den Tag oft mit dem Checken von Nachrichten oder Social Media.
- Ich fühle mich nach dem Scrollen schlechter, nicht besser.
- Ich habe Schuldgefühle, wenn ich nicht alle Infos mitbekomme.
- Ich konsumiere mehr Inhalte, als ich emotional verarbeiten kann.
- Ich habe das Gefühl, ich *muss* informiert bleiben – sonst bin ich „unverantwortlich".

Wenn du drei oder mehr Punkte innerlich bejaht hast:

Es ist Zeit für einen mentalen Detox.

Mentale Entgiftung – konkret und heilsam

Hier sind 7 einfache Möglichkeiten, **dein Gedankenklima zu entlasten**:

1. News-Fenster statt Dauerbeschallung.

⏰ 1x am Tag gezielt Nachrichten lesen – max. 10 Minuten

💡 Bonus: Wähle bewusst konstruktive Medienformate (z. B. Perspective Daily, Good News Magazine)

---

2. Social Media bewusst nutzen.

📱 Social Apps 1x täglich öffnen – und dann mit Wecker schließen

👻 Entfolge Accounts, die dir Schuld, Angst oder Druck machen

🖤 Folge stattdessen inspirierenden, lösungsorientierten Kanälen

---

3. Dein Gedankenfilter – Frage dich regelmäßig:

„Hilft mir dieser Gedanke gerade – oder zieht er mich runter?"
Denn **nicht jeder Gedanke ist wahr – nur weil er laut ist.**

---

4. Digitale Fastentage

Ein Tag pro Woche **ohne News, Social Media, Bildschirmzeit** – zur Regeneration deiner inneren Welt.
Du brauchst kein digitales Wissen, um ein guter Mensch zu sein.
Du brauchst Zugang zu dir selbst.

---

5. Ersetze Input durch Ausdruck

📔 Statt lesen → schreib auf, was dich bewegt.

🎨 Statt scrollen → male, bewege dich, singe, tanze.

Sprich deine Gefühle aus – statt sie immer nur zu „verstehen".

---

6. Achtsamkeit trainieren

🧘 Täglich 5 Minuten bewusste Stille – kein Handy, keine Ablenkung

⚫ Beobachte deinen Atem, deine Gedanken, ohne Bewertung

→ Das ist kein Luxus – das ist psychische Hygiene.

---

7. Frage dich: Wer darf in meinen Kopf?

„Wem gebe ich Raum in meinem Denken – und wem nicht?"

Dein Kopf ist wie ein Garten.

Nicht jede Stimme verdient einen Platz darin.

💜 Fazit: Dein Geist braucht genauso Schutz wie die Erde

Du achtest auf Mikroplastik im Shampoo –

aber was ist mit Mikro-Triggern in deinem Feed?

Du wählst Bio-Gemüse –

aber was ist mit deinem seelischen Nährwert?

Klimafreundlich leben bedeutet auch:

freundlich mit deinem Geist sein.

Denn was du in dich hineingibst, formt, wie du denkst.

Und wie du denkst, formt, wie du handelst.

9. Medienkonsum, Doomscrolling & Nachrichtenmüdigkeit

Wir leben in der wohl **informationsreichsten Zeit der Menschheitsgeschichte** – und gleichzeitig in einer der emotional überforderndsten.
Noch nie zuvor konntest du **jederzeit, überall und in Echtzeit** sehen, was auf der Welt schiefläuft.

- Ein Dürrebericht aus Afrika

- Ein Protestvideo aus Berlin

- Ein Feuer in Kanada

- Ein Gletscher, der kollabiert

- Und dazwischen: Werbung, Lifestyle, Aufrufe, Kommentare, Shitstorms

Was das mit dir macht?
Es überfordert dich. Langsam. Und dauerhaft.

Wie dein Gehirn auf Daueralarm programmiert wird

Dein Nervensystem kennt zwei Modi:

1. **Anspannung (Sympathikus)** – Kampf, Flucht, Fokus

2. **Entspannung (Parasympathikus)** – Regeneration, Verarbeitung, Ruhe

In einem gesunden Alltag wechseln diese Zustände ab.
Aber: **Ständiger Input, vor allem negativer, hält dich dauerhaft im Aktivierungsmodus.**

Das bedeutet:

- Du schläfst schlechter

- Du wirst reizbarer

- Du fühlst dich innerlich gehetzt

- Du denkst, du müsstest „immer auf dem neuesten Stand" sein

- Du entwickelst ein unterschwelliges Gefühl von Weltuntergang

Und all das passiert, **während du eigentlich nur „informiert bleiben" wolltest.**

Was ist Doomscrolling – wirklich?

Der Begriff beschreibt das Phänomen, bei dem Menschen stundenlang durch negative Nachrichten, Warnungen, Krisen-Content scrollen – **trotz oder gerade wegen der Überforderung.**

Psychologisch gesehen ist Doomscrolling eine Form von:

- Kontrollversuch („Wenn ich alles weiß, bin ich vorbereitet")

- Angstbewältigung („Ich will nichts verpassen")

- Stressverarbeitung („Ich brauche einen Trigger, um überhaupt *etwas* zu fühlen")

- Selbstbestrafung („Ich darf mich nicht ausruhen – es passiert zu viel Schlimmes")

49

Doch das Paradoxe ist: **Je mehr du scrollst, desto ohnmächtiger wirst du.**

Und dann kommt sie: Die Nachrichtenmüdigkeit

Vielleicht kennst du das:

Irgendwann klickst du nichts mehr an.

Du liest nur noch Überschriften.

Du hast keine Kraft mehr für Details.

Das ist keine Gleichgültigkeit.

Es ist **emotionale Erschöpfung.**

Ein psychischer Selbstschutzmechanismus.

Wenn du nicht mehr fühlen kannst, was du liest – dann war es zu viel.

Wie du gesund zwischen Information & Selbstschutz navigierst

Hier eine einfache Tabelle zum Einordnen:

Warnsignal	Gegenschritt
Ich scrolle stundenlang ohne Ziel	Begrenze die Zeit: z. B. 1× täglich 10 Minuten
Ich fühle mich nach Medienkonsum schlechter	Reduziere die Quelle – nicht du bist das Problem
Ich will alles wissen, aber kann nichts mehr fühlen	Mache eine bewusste Nachrichtendiät
Ich glaube, ich muss informiert bleiben – sonst bin ich verantwortungslos	Erinnere dich: Ruhe ist ein Teil von Widerstand

Mentale Hygiene = Klimaschutz für deinen Kopf

Es ist nicht deine Aufgabe, jede Krise zu kennen.
Deine Aufgabe ist es, so gesund zu bleiben, dass du handlungsfähig bleibst.

Information ohne Integration = Überflutung

Information + Verarbeitung = Klarheit

Reflexionsübung: Dein Umgang mit Medien

Schreib für dich selbst (oder im Buch, falls Platz ist) Antworten auf folgende Fragen:

- Was löst mein typisches Medienverhalten in mir aus – körperlich, emotional, gedanklich?

- Wovor habe ich (unbewusst) Angst, wenn ich den Nachrichtenkonsum einschränke?

- Welche Quelle informiert mich ehrlich – ohne mich in Angst zu treiben?

- Wann war ich zuletzt wirklich inspiriert – nicht nur alarmiert?

Du darfst Abschalten. Nicht um wegzusehen – sondern um wieder hinsehen zu können.

Denn echte Veränderung entsteht nicht durch ständige Reizung, sondern durch **bewusste Präsenz.**

Und dafür brauchst du keinen Nachrichtenstrom.
Du brauchst **Räume, in denen du fühlen darfst – ohne überrollt zu werden.**

10. Vom Grübeln ins Handeln – kleine Schritte mit großer Wirkung

Du denkst.

Du fühlst.

Du verstehst.

Und trotzdem sitzt du manchmal da – wie gelähmt.

Weil die Krise zu groß erscheint.

Die Lösungen zu weit weg.

Und dein eigener Beitrag zu klein.

„Was soll ich denn schon tun? Ich bin doch nur eine einzelne Person ...“

Doch was wäre, wenn genau hier der größte Denkfehler liegt?

Grübeln ist keine Lösung – es ist ein Stresskreislauf

Grübeln fühlt sich oft an wie eine Suche nach Antworten. Aber psychologisch betrachtet ist es **eine Form von emotionaler Starre.**

Du drehst dich im Kreis. Immer mit denselben Fragen:

- „Was kann ich tun?“

- „Mache ich genug?“

- „Ist es nicht sowieso zu spät?“

- „Was, wenn alles, was ich tue, nichts bringt?“

Und jedes neue Gedankenkarussell führt dich nicht zu Klarheit – sondern zu noch mehr Überforderung.

Denn dein Gehirn sucht nicht nach Lösungen – sondern nach Sicherheit.
Und die findest du nicht im Denken.
Sondern im **Tun.**

Warum Handeln heilt

Wenn du ins Tun kommst – ganz gleich wie klein – passiert etwas Entscheidendes in deinem Körper:

- Du fühlst dich **wieder selbstwirksam**
- Dein Stresssystem reguliert sich
- Deine Ohnmacht verwandelt sich in Klarheit
- Du kommst vom Kopf zurück in den Körper

Es geht nicht darum, die Welt zu retten – sondern darum, nicht daran zu zerbrechen.

Und paradoxerweise ist genau das der Weg, **der am Ende wirklich etwas verändert.**

Die Macht der kleinen Schritte

Hier sind konkrete, sofort umsetzbare Mini-Schritte – du musst nicht alle machen. Wähle einen. Beginne irgendwo. Es zählt:

In deinem Alltag:

- Einen freien Tag pro Woche autofrei gestalten
- Einen plastikfreien Bereich in deinem Haushalt schaffen

- Eine Mahlzeit am Tag pflanzlich essen

- Deine Bankverbindung checken – und ggf. zu einer nachhaltigen Bank wechseln

- Ein Kleidungsstück flicken statt neu kaufen

In deinem Denken:

- Statt „Ich muss alles perfekt machen" → sagen: „Ich darf wirksam sein, ohne perfekt zu sein."

- Statt Schuld → Mitgefühl mit dir selbst entwickeln

- Statt Vergleich mit anderen → Fokus auf deinen nächsten kleinen Schritt

In deinem Ausdruck:

- Ein Text, Gedicht, Brief über das, was dich bewegt

- Ein Gespräch mit jemandem, dem du vertraust

- Ein Instagram-Post, der nicht perfekt ist – aber ehrlich

In deiner Umgebung:

- Dich mit Menschen verbinden, die ähnlich empfinden

- Eine lokale Aktion unterstützen (Cleanup, Bildungsarbeit, Foodsharing)

- Einen Klimaabend mit Freund*innen organisieren – ohne Druck, aber mit echten Gesprächen

Du musst nicht groß sein, um etwas zu bewegen

Viele glauben:
„Ich kann doch nichts tun, wenn die da oben nichts ändern."

Aber das ist eine Illusion.

Systeme ändern sich nicht, weil jemand ganz oben alles entscheidet.
Sie ändern sich, weil genug Menschen unten beginnen, anders zu leben.

Und: Du bist nicht allein.
Immer mehr Menschen wachen auf.
Still, leise, wirkungsvoll.

Reflexionsfrage zum Abschluss

Was wäre ein erster, ganz konkreter, machbarer Schritt,
den ich heute – oder diese Woche – tun könnte,
damit ich mich **weniger ohnmächtig und mehr verbunden** fühle?

Schreib ihn auf.
Mach ihn sichtbar.
Mach ihn klein – aber mach ihn real.

Denn du wirst sehen:
Handeln heilt. Nicht alles – aber dich.

Teil 3 – Deine innere Stärke aktivieren: Strategien & Selbstwirksamkeit

11. Was du wirklich kontrollieren kannst – und was nicht

Stell dir vor, dein Leben ist ein Raum.

Ein wunderschöner, aber überfüllter Raum.

Mit Dingen, die du beeinflussen kannst.

Und Dingen, die du jeden Tag trägst – obwohl sie gar nicht dir gehören.

Genau das passiert in der Klimakrise.

Viele Menschen mit Eco-Anxiety tragen zu viel.

Gedanklich, emotional, praktisch.

Sie fühlen sich verantwortlich für das große Ganze –

und vergessen dabei, **wo ihr Einfluss tatsächlich beginnt.**

Die Illusion totaler Kontrolle

Wenn die Welt wankt, wollen wir Halt.

Und weil wir nicht wissen, wo dieser Halt herkommt, greifen wir oft zu inneren Kontrollmustern:

- „Ich darf keine Fehler machen"

- „Ich muss immer perfekt nachhaltig leben"

- „Ich darf nichts übersehen, sonst bin ich schuld"

- „Wenn ich loslasse, geht alles den Bach runter"

Aber diese Kontrolle ist trügerisch.
Sie gibt dir kurzfristig Struktur –
doch langfristig raubt sie dir Kraft, Lebendigkeit und
Selbstvertrauen.

Denn **keine*r von uns kontrolliert den Planeten.**
Aber wir können Einfluss nehmen – mit Klarheit und
Ehrlichkeit.

Die 3 Zonen deines Einflusses

Ein einfaches Modell, das dir helfen kann, wieder klarer zu
sehen, ist die **Zonen-Aufteilung:**

Zone 1 – Dein Einflussbereich (Ich kann handeln)

- Was du denkst

- Wie du dich verhältst

- Wie du mit dir und anderen sprichst

- Worauf du deine Aufmerksamkeit lenkst

- Was du konsumierst, postest, teilst

- Welche Werte du in deinem Alltag lebst

Diese Zone ist klein – aber **hochwirksam.**
Hier beginnt echte Veränderung. Und: **Sofortige**
Selbstwirksamkeit.

Zone 2 – Dein Mitwirkungsbereich (Ich kann mitgestalten)

- Gespräche in Familie, Freundeskreis, Schule/Uni
- Engagement in lokalen Gruppen oder Online-Formaten
- Petitionen, Wahlen, Bildungsarbeit
- Einfluss als Konsument*in oder Produzent*in
- Kooperation mit Gleichgesinnten

Hier brauchst du Geduld – aber es lohnt sich.
Diese Zone lebt von Verbindung. Du bist nicht allein.

Zone 3 – Der Ohnmachtsbereich (Ich kann es nicht kontrollieren)

- Entscheidungen von Regierungen oder Konzernen
- Naturkatastrophen, geopolitische Konflikte
- Reaktionen anderer Menschen
- Das Tempo globaler Veränderung
- Die Vergangenheit

Diese Zone fühlt sich riesig an.
Sie ist oft der Ort deiner größten Angst.
Aber: **Je mehr Energie du hier hineinsteckst, desto ohnmächtiger wirst du.**

Der Schlüssel liegt darin, die roten Themen zu erkennen – und loszulassen.

Übung: Sortiere deine Gedanken in Zonen

Nimm ein Blatt Papier und zeichne drei Kreise ineinander:

1. **Kleiner Kreis (grün): Ich kann aktiv handeln**

2. **Mittlerer Kreis (weiß): Ich kann mitgestalten**

3. **Äußerer Kreis (rot): Ich kann es nicht kontrollieren**

Jetzt sortiere alles, was dich belastet, in diese Kreise.

Beispiel:

Gedanke	Zone
Ich fliege zu oft	● Ich kann das ändern
Meine Eltern nehmen Klimawandel nicht ernst	○ Ich kann mit ihnen reden, aber nicht zwingen
Was, wenn es 2050 kein Trinkwasser mehr gibt?	● Ich kann das nicht allein verhindern

Diese Übung schafft Klarheit. Und mit Klarheit kommt Ruhe.

Was du loslassen darfst – ohne dich schuldig zu fühlen

- Die Idee, alles richtig machen zu müssen

- Die Verantwortung für die ganze Welt

- Die Vorstellung, alle überzeugen zu müssen

- Das Schuldgefühl, auch mal Pause zu brauchen

- Den Gedanken, dass du erst „wertvoll" bist, wenn du perfekt nachhaltig lebst

Du bist **jetzt** wichtig.

Weil du fühlst.

Weil du handelst, wo du kannst.

Und weil du erkennst, wo du loslassen musst.

Wirkliche Stärke beginnt da, wo du weißt:

Ich bin nicht für alles zuständig.

Aber ich bin für mich zuständig.

Und das reicht – um etwas zu bewegen.

12. Die Kraft der kleinen Schritte: Mikro-Handlungen mit Makro-Wirkung

Vielleicht hast du dir schon mal gedacht:

„Was bringt es denn, wenn ich jetzt aufhöre, Avocados zu kaufen? Die Welt verändert sich dadurch doch nicht."

Oder:

„Ob ich jetzt mit dem Zug fahre oder nicht – das System ist doch kaputt."

Solche Gedanken sind verständlich.

Aber sie übersehen einen entscheidenden Punkt:

Veränderung beginnt nie im Großen.

Sie beginnt dort, wo du nicht mehr tust, was alle immer getan haben.

Warum kleine Schritte große Wirkung haben – psychologisch gesehen

Mikro-Handlungen sind **kleine, bewusste Entscheidungen**, die dein Verhalten, dein Denken oder deine Umwelt minimal verändern –

aber **dein Gefühl von Selbstwirksamkeit massiv stärken.**

Das bedeutet konkret:

- Du kommst **aus der Grübelfalle** ins Tun
- Du spürst: *„Ich kann etwas beitragen"*
- Du baust Vertrauen in dich und deine Werte auf
- Du reduzierst das Gefühl von Ohnmacht und innerem Chaos

Und je öfter du kleine Schritte gehst, desto **mehr wird daraus ein Lebensstil** – nicht ein weiteres To-do.

🐷 Beispiele für Mikro-Handlungen im Alltag

Themenfeld	Mikro-Handlung
Ernährung	1x pro Woche regional & unverpackt einkaufen
Kleidung	Reparieren statt neu kaufen
Social Media	1x täglich einen hoffnungsvollen Beitrag teilen
Energie	Steckerleisten abends ausschalten
Haushalt	Putzmittel selbst herstellen (z. B. mit Natron & Essig)
Psychische Hygiene	10 Minuten ohne Handy in den Tag starten
Kommunikation	Eine ehrliche Unterhaltung über Klima führen – ohne missionieren

Wichtig:

Diese Dinge *müssen nicht alles verändern*.

Aber sie verändern **dich**.

Und das zählt.

Der Dominoeffekt kleiner Taten

Eine Mikro-Handlung ist wie ein Dominostein.

Er ist klein – aber er stößt etwas an.

Beispiel:

Du beginnst, deinen Kaffee selbst im Becher mitzunehmen →

Jemand fragt dich danach →

Ihr kommt ins Gespräch →

Diese Person denkt anders über Einweg →

Eine neue Entscheidung entsteht.

So entstehen Wellen.
Still. Unsichtbar. Aber real.

Übung: Deine persönlichen Mikro-Handlungen

Denk an deinen Alltag und beantworte folgende Fragen:

- Was wäre **eine** kleine Handlung, die ich ab morgen ausprobieren kann?

- Welche Entscheidung mache ich **regelmäßig**, obwohl ich weiß, dass sie mir nicht gut tut – und wie könnte ich sie ersetzen?

- Welche Mikro-Handlung tut **nicht nur der Welt, sondern auch mir** gut?

Schreib deine Antworten auf.
Mach sie sichtbar – am Kühlschrank, im Kalender, im Handy.

Was zählt: dein inneres Gefühl von Wirkung

Selbstwirksamkeit heißt nicht: *„Ich rette den Regenwald."*
Es heißt: *„Ich weiß, dass mein Handeln einen Unterschied macht – und dass ich Teil einer Bewegung bin, die wächst."*

Denn kleine Schritte verändern vielleicht nicht sofort das System.
Aber sie verändern **dich – und dein Gefühl, etwas tun zu können.**

Und manchmal ist genau das der Anfang von allem.

13. Dein CO_2-Fußabdruck ist nicht dein einziger Wert

Es gibt einen stillen Druck, der viele Menschen belastet, die bewusst leben wollen.

Einen unsichtbaren Maßstab, der ständig mitläuft:

Wie klimafreundlich bist du – wirklich?

War dein Kaffee heute fair gehandelt?

Sind deine Klamotten Second-Hand?

Hast du den Zug genommen oder doch das Auto?

Isst du Fleisch?

Hast du Kinder?

Fliegst du?

Plötzlich fühlt sich **dein Wert als Mensch** so an, als würde er **von deinem CO_2-Verbrauch** abhängen.

Doch genau hier beginnt das Problem.

Wenn dein Fußabdruck zu deinem Urteil wird

Der ökologische Fußabdruck war ursprünglich ein sinnvolles Konzept:

Ein Werkzeug, um unser Verhalten messbar zu machen.

Doch in der Praxis ist daraus oft ein **Schuldmaß** geworden.

Ein Punktesystem.

Ein ständiger Vergleich: *Bin ich gut genug? Tu ich genug? Lebe ich „richtig"?*

Und:

Ein Gefühl von Versagen, wenn du es mal **nicht** schaffst.

Der Fußabdruck ersetzt keine Menschenwürde

Du bist nicht nur Konsument*in.

Du bist nicht nur ein Datensatz in einer Umweltbilanz.

64

Du bist ein Mensch.

Mit Zweifeln, Brüchen, Widersprüchen.

Mit dem Wunsch, gut zu leben – ohne kaputtzugehen.

Mit einem Herzen, das fühlt – auch wenn du manchmal Fehler machst.

Dein Wert hängt nicht davon ab, wie viel CO_2 du einsparst.

Sondern davon, wie bewusst du bist – und wie liebevoll du versuchst, zu leben.

Was wirklich zählt – eine andere Bilanz

Hier ist eine alternative Betrachtung – ganz ohne CO_2-Werte:

Kriterium	Was zählt wirklich?
Bewusstsein	Hast du überhaupt angefangen, Fragen zu stellen?
Haltung	Versuchst du, deine Werte mit deinem Alltag zu verbinden?
Reflexion	Kannst du auch mal innehalten und sagen: „Hier bin ich überfordert – das ist okay."
Entwicklung	Bist du bereit, dich zu verändern – in deinem Tempo?
Verbindung	Versuchst du, andere mit einzubeziehen – nicht zu belehren?

Diese Fragen führen **nicht zur Perfektion** –

aber sie führen zu **Ehrlichkeit, Tiefe und echter Entwicklung.**

Perfektion ist nicht der Weg – sie ist das Hindernis

Der Wunsch, alles richtig zu machen,

führt oft zu Überforderung, Rückzug oder starrer Selbstkontrolle.

65

„Wenn ich es nicht perfekt mache, lasse ich es lieber ganz."

Doch genau das ist das Gegenteil von dem, was wir brauchen.

Denn Wandel entsteht nicht durch perfekte Menschen.

Er entsteht durch **echte Menschen**, die lernen, sich zuzumuten –

mit all ihren Stärken, Ängsten, Widersprüchen.

Du bist mehr als dein Fußabdruck. Du bist ein Abdruck in dieser Welt.

Vielleicht hast du heute CO_2 ausgestoßen.

Aber du hast auch jemandem Mut gemacht.

Du hast über dich nachgedacht.

Du hast diese Zeilen gelesen – und begonnen, dich zu erinnern:

Du bist ein Teil der Veränderung.

Nicht, weil du fehlerfrei bist – sondern weil du **fühlst**.

Reflexionssatz zum Mitnehmen:
Ich bin nicht perfekt.
Ich bin nicht machtlos.
Ich bin auf dem Weg – und dieser Weg ist wertvoll.

14. Aktivismus vs. Selbstfürsorge – ein Balanceakt

Du willst nicht einfach zusehen.

Du willst nicht nur Posts liken und resigniert mit dem Kopf schütteln.

Du willst etwas beitragen. Mithelfen. Laut sein. Sichtbar.

Oder leise, aber klar.

Doch irgendwann merkst du:

- Du bist erschöpft.
- Du fühlst dich verantwortlich – für alles.
- Du verlierst die Freude am Leben.
- Du hast das Gefühl: *„Ich darf nicht mehr genießen, solange andere leiden."*

Und genau hier entsteht das innere Dilemma:

Wie kann ich die Welt verändern – ohne mich selbst zu verlieren?

Was Aktivismus mit deiner Psyche macht

Viele Aktivist*innen – ob laut oder still, ob öffentlich oder im Kleinen –

geraten über kurz oder lang in eine emotionale Schieflage:

- **Dauerstress**: Ständiger Druck, handeln zu müssen
- **Moralische Erschöpfung**: Das Gefühl, nie genug zu tun
- **Isolation**: Kaum jemand versteht, wie tief es in dir wirkt
- **Zweifel**: Du fragst dich, ob das alles überhaupt etwas bringt
- **Körperliche Symptome**: Schlaflosigkeit, Anspannung, Gereiztheit

Das hat einen Namen: **Klima-Burnout**.

Oder auch: **Activist Fatigue**.

67

Und das Tragische ist:
Gerade die sensibelsten, wachsten und engagiertesten
Menschen trifft es am häufigsten.

Warum Selbstfürsorge kein Luxus ist – sondern Widerstand

In einer Welt, die auf Ausbeutung basiert,
ist es ein radikaler Akt, **nicht auch dich selbst auszubeuten.**

Ruhe ist politisch.
Genuss ist erlaubt.
Grenzen sind gesund.
Lebensfreude ist kein Verrat an deinen Werten.

5 Grundsätze für gesunden Aktivismus

1. Du bist nicht für alles verantwortlich.

Nicht du musst die Welt retten – du bist ein Teil davon.
Und: **Du darfst loslassen, was nicht in deiner Hand liegt.**

2. Dein Körper ist kein Werkzeug – er ist dein Zuhause.

Wenn du ihn übergehst, geht irgendwann nichts mehr.
Erholung, Ernährung, Bewegung, Schlaf – keine Nebensache.
Basis.

3. Wut braucht Kanal, keine Dauer.

Lass sie raus – aber lass sie nicht dein Zuhause werden.
Schreibe, male, bewege dich, sprich – finde Wege, sie zu
wandeln.

68

4. Du darfst auch genießen.

Lachen, tanzen, reisen, berühren, atmen – das Leben ist nicht der Feind.
Es ist das, was du schützen willst.

5. Du musst nicht alles selbst machen.

Teile Verantwortung. Baue Netzwerke. Sag Nein.
Vertrau darauf: **Du bist nicht allein.**

Übung: Dein persönlicher Balance-Check

Beantworte die folgenden Fragen ehrlich für dich selbst:

- Wie oft gönne ich mir echte Pausen – ohne schlechtes Gewissen?

- Habe ich Rituale, die mich nähren – nicht nur disziplinieren?

- Spreche ich offen über meine Erschöpfung?

- Wann habe ich zuletzt einfach etwas getan, nur weil es mir gut tut?

- Bin ich mehr im „Tun müssen" oder im „Sein dürfen"?

Wenn du hier öfter zögerst als antwortest, ist das kein Grund zur Scham.
Es ist ein Ruf.
Ein Zeichen dafür, dass du **dich selbst in deiner Bewegung nicht vergessen darfst.**

Du bist nicht weniger aktiv, wenn du dich schützt.

Im Gegenteil.
Nur wer bleibt, kann weiter wirken.

69

Und du willst nicht nur überleben –
du willst **leben, lieben, lachen – und trotzdem etwas
verändern.**

Das ist kein Widerspruch.
Das ist die Wahrheit des Wandels.

Grenzen sind gesund.
Lebensfreude ist kein Verrat an deinen Werten.

> ***Du bist nicht weniger aktiv, wenn du dich schützt.***
>
> *Im Gegenteil.*
> ***Nur wer bleibt, kann weiter wirken.***

15. Wenn du wütend bist – und das gut so ist

Vielleicht kennst du das:

Du liest eine Schlagzeile – und spürst, wie es in dir brodelt.

Du hörst, wie jemand das Thema Klima ins Lächerliche zieht – und in dir steigt Wut auf.

Du siehst, wie Konzerne Greenwashing betreiben, während sie weiterhin ausbeuten – und du könntest schreien.

Aber du tust es nicht.

Denn du willst nicht "zu viel", "zu laut", "zu emotional" wirken.

Also schluckst du die Wut runter.

So wie du gelernt hast: *Wut ist unangenehm. Unkontrolliert. Unpassend.*

Doch die Wahrheit ist:

Wut ist gesund. Wut ist klug. Wut ist ein Signal.

Wut zeigt dir: Hier ist eine Grenze überschritten worden

Wut ist keine Schwäche.

Sie ist eine Reaktion auf Ungerechtigkeit, Ignoranz, Missbrauch von Macht, fehlende Verantwortung.

Sie ist ein Aufschrei aus dem Innersten:

„So nicht!"

„Das geht nicht!"

„Ich will, dass sich etwas verändert!"

Wut ist Liebe in Bewegung.

Denn wer wütend ist, hat vorher geliebt.

Einen Wald, ein Tier, einen Ort, eine Idee, eine Zukunft.

Und genau deshalb tut es weh, wenn diese Liebe bedroht wird.

71

Was passiert, wenn du Wut unterdrückst

Viele Menschen mit Eco-Anxiety haben gelernt:

Still sein. Funktionieren. Rücksicht nehmen.

Wut ist laut, unbequem, gefährlich – also wird sie verdrängt.

Doch was dann passiert:

- Du richtest sie gegen dich selbst (Selbstkritik, Selbstverachtung)
- Du wirst zynisch oder resigniert
- Du fühlst dich leer statt lebendig
- Du brennst aus, weil deine Energie keinen Kanal findet

Unterdrückte Wut ist wie gestautes Wasser: Es sucht sich irgendwann seinen Weg – oft unkontrolliert.

Wut als Kraftquelle – wie du sie nutzen kannst

1. Erkenne Wut als Botschaft, nicht als Problem

Stell dir vor, Wut ist ein innerer Kompass.

Sie sagt dir: *„Hier stimmt etwas nicht."*

Nimm sie ernst – nicht als Feind, sondern als Verbündete.

2. Gib der Wut eine Form

- Schreib einen Wut-Brief – den du nie abschickst
- Schrei ins Kissen, geh in den Wald, box in die Luft
- Tanze wild, schreib einen Songtext, mal sie auf Papier
  → *Wut will fließen – nicht fressen.*

3. Forme sie in Klarheit

Wut will nicht nur raus – sie will Veränderung.

Frage dich:

- *Was will ich nicht mehr hinnehmen?*
- *Was braucht meine Energie?*
- *Wo kann ich meine Wut in Handlung übersetzen – ohne sie zu verlieren?*

4. Finde sichere Räume für deine Wut

Nicht jeder versteht sie.

Aber es gibt Menschen, Gruppen, Bewegungen, die Raum
geben für ehrliche Emotionen.

Such sie – oder erschaffe sie.

Wut ≠ Hass

Es ist wichtig zu unterscheiden:

Wut kämpft für etwas.

Hass kämpft gegen Menschen.

Wut ist gesund.

Hass ist zerstörerisch.

Lass deine Wut für das Leben brennen – nicht gegen andere.

Reflexionssatz zum Mitnehmen

Ich bin wütend, weil ich liebe.

Ich bin wütend, weil ich fühle.

Ich bin wütend, weil ich will, dass sich etwas verändert.

Und das ist gut.

73

Teil 4 – Die Reise zu dir selbst

16. Die Macht der Gemeinschaft – warum du nicht allein kämpfen musst

Stell dir vor, du trägst einen schweren Rucksack.

Tag für Tag.

Voll mit Sorgen, Fragen, Wut, Angst, Hoffnung.

Du bist so daran gewöhnt, dass du gar nicht mehr merkst, wie schwer er ist.

Bis du eines Tages jemanden triffst,

der sagt:

„Ich trage auch so einen."

Ihr seht euch an –

und plötzlich wird alles leichter.

Nicht, weil der Rucksack verschwunden ist.

Sondern weil ihr euch nicht mehr allein fühlt.

Das ist die Kraft von Gemeinschaft.

Warum Gemeinschaft ein Schlüssel zur Heilung ist

Eco-Anxiety hat eine isolierende Wirkung:

- Du denkst: *„Niemand versteht mich."*
- Du ziehst dich zurück – um andere nicht zu „nerven"
- Du funktionierst äußerlich – aber innerlich brennst du aus
- Du versuchst, alles alleine zu lösen – und verlierst dich dabei

Doch wir Menschen sind **soziale Wesen.**

Wir brauchen Zugehörigkeit, Spiegelung, gemeinsame Richtung.

Nicht, um uns abhängig zu machen – sondern um **uns selbst wieder zu spüren.**

Gemeinschaft ist kein Luxus.

Sie ist **das Gegengift zu innerer Leere.**

Woran du erkennst: Ich brauche Verbindung

Kreuze innerlich an, was auf dich zutrifft:

- Ich fühle mich oft wie „die Einzige", die sich so intensiv mit Klima beschäftigt
- Ich spreche kaum noch mit Freund*innen über meine Ängste
- Ich habe das Gefühl, ständig stark sein zu müssen
- Ich beneide Menschen, die „einfach weitermachen können"
- Ich habe Sehnsucht nach echten, tiefen Gesprächen

Wenn du zwei oder mehr Aussagen bejahst:

Du brauchst keinen Coach. Kein neues System. Kein 10-Punkte-Programm.

Du brauchst: **Gemeinschaft. Mitgefühl. Echtheit.**

Was eine echte Gemeinschaft leisten kann

Echte Verbindung bedeutet ...	Nicht ...
Zuhören ohne Ratschläge	Ständiges Kritisieren
Emotionen teilen dürfen	Funktionieren müssen
Gemeinsam Lösungen finden	Allein kämpfen
Erschöpfung zeigen dürfen	Immer stark wirken
Feiern, lachen, zweifeln – zusammen	Immer nur „produktiv" sein

Die Frage ist nicht: „Mit wem bin ich einer Meinung?"

Sondern: „Mit wem kann ich ehrlich sein?"

Wo du Gemeinschaft finden kannst
- In lokalen Klimagruppen (z. B. Parents/Fridays/Scientists for Future, Extinction Rebellion, Cleanups etc.)
- In Online-Räumen mit bewusster Moderation
- In Selbsthilfegruppen oder offenen Gesprächskreisen
- In deinem Umfeld – **wenn du dich traust, dich ehrlich zu zeigen**
- Oder: Du gründest selbst einen Raum. Einen Abend. Eine Runde. Eine Gruppe. Mit einer Frage:

„Wie geht's dir wirklich – wenn du an die Welt denkst?"

🗨 **Übung: Deine sozialen Wurzeln spüren**

Beantworte (schriftlich oder innerlich):
- Wen in meinem Leben könnte ich (wieder) ansprechen – ehrlich, weich, offen?
- Was hindert mich gerade daran, mich zu verbinden?
- Welche Art von Raum wünsche ich mir?
- Was würde sich verändern, wenn ich merke: Ich bin nicht allein?

Du bist Teil von etwas Größerem

Vielleicht fühlst du dich manchmal klein.

Unwirksam. Isoliert.

Doch du bist Teil einer **stillen, wachsenden Bewegung**:

Von Menschen, die fühlen. Die zweifeln. Die aufstehen.

Und die verstehen: *Wir brauchen einander.*

Nicht um perfekt zu sein.

Sondern um menschlich zu bleiben.

Allein bist du schnell.

Gemeinsam kommst du weiter.

17. Klimaangst in der Familie, im Freundeskreis & in der Schule/Uni

Du fühlst.

Du weißt.

Du begreifst langsam, wie ernst die Lage ist.

Aber dann sitzt du am Esstisch – und hörst Sätze wie:

„Du musst auch mal entspannen."

„Früher war auch nicht alles besser."

„Das bringt doch eh nichts."

„Das ist doch nur eine Phase."

„Du übertreibst."

Und plötzlich stehst du da – mit deinem Wissen, deinem Mitgefühl, deiner Angst –

und fühlst dich wie ein Alien.

Unverstanden. Allein.

Manchmal sogar: falsch.

Warum gerade die Nähe so schwer ist

In Gesprächen mit Fremden können wir Abstand halten.

Aber in der Familie, im Freundeskreis oder in der Schule/Uni ist alles näher.

Emotionaler. Verletzlicher. Bedeutender.

Und oft stoßen Welten aufeinander:

- **Unterschiedliche Generationen**: Großeltern sagen „Wir haben immer schon gespart" – und verstehen nicht, warum du verzichtest
- **Unterschiedliche Informationsstände**: Du liest Studien – andere nur Schlagzeilen
- **Unterschiedliche emotionale Strategien**: Du fühlst – andere verdrängen

77

- **Unterschiedliche Lebensmodelle**: Du willst bewusst leben – andere einfach nur „normal"

Und oft ist da nicht nur Wut. Sondern eine tiefe Traurigkeit, weil du dich den Menschen, die du liebst, plötzlich so fremd fühlst.

3 Reaktionsmuster, die häufig auftreten

1. Verharmlosung

„So schlimm ist das doch nicht."

⚫ Hinter dieser Reaktion steckt oft Angst – oder Ohnmacht. Menschen werten lieber ab, was sie nicht aushalten.

2. Ignoranz

„Ich will davon nichts hören."

⚫ Das ist kein böser Wille – sondern eine Schutzreaktion. Viele fühlen intuitiv: Wenn sie anfangen, hinzuschauen, kommen sie nicht mehr raus.

3. Schuldabwehr

„Ihr jungen Leute übertreibt immer."

⚫ Wer Verantwortung spürt, aber keine Lösung hat, verteidigt sich oft mit Abwehr.

Besonders Erwachsene erleben deine Haltung manchmal als stillen Vorwurf – auch wenn du gar nichts sagst.

Wie du Gespräche öffnest – statt dich zu verlieren

1. Sprich von dir – nicht über „die anderen"

Statt:

„Ihr seid alle so ignorant."

Sag lieber:

„Ich merke, dass mich das Thema sehr beschäftigt – und ich damit oft allein bin."

2. Formuliere Einladungen, keine Anklagen

Statt:

„Du verstehst das einfach nicht."

Sag:

„Darf ich dir mal erzählen, wie es sich für mich anfühlt?"

3. Wähle Momente bewusst

Nicht zwischen Tür und Angel.

Nicht beim Familienfest.

Sondern in Ruhe. Im Vertrauen. Im Gespräch.

4. Gib ihnen Zeit

Nicht alle werden dich sofort verstehen.

Aber viele denken später über das nach, was du gesagt hast –
auch wenn sie es nicht zeigen.

5. Erkenne an, dass andere anders fühlen

Deine Wahrheit muss nicht ihre Wahrheit sein.

Aber deine Gefühle verdienen Respekt – und manchmal
braucht es Geduld, bis dieser Respekt wächst.

Reflexionsübung: Umgang mit Nähe & Distanz

Frage dich:

- Wer in meinem Umfeld könnte mich verstehen – wenn
  ich mutig ehrlich bin?
- Wem gegenüber wünsche ich mir ein neues Gespräch?
- Wen darf ich loslassen – zumindest innerlich – ohne
  Groll?

Manchmal geht es nicht darum, alles zu klären.

Sondern darum, **deine Energie zu schützen.**

Und zu erkennen: **Du bist nicht falsch, nur weil andere (noch)
nicht fühlen, was du fühlst.**

79

Du darfst unbequem sein. Ohne dich selbst zu verlieren.

Du darfst aufstehen.

Du darfst zweifeln.

Du darfst dich zurückziehen.

Du darfst lieben – auch wenn ihr nicht immer derselben Meinung seid.

Und du darfst darauf vertrauen:

Jeder ehrliche Satz, den du aussprichst, pflanzt etwas.

Auch wenn du den Baum noch nicht siehst.

18. Was du Kindern sagen kannst – und was nicht

Kinder spüren mehr, als wir oft denken.

Sie hören, was wir nicht sagen.

Sie sehen die Nachrichten im Augenwinkel.

Sie lesen unsere Körpersprache.

Und sie stellen Fragen.

Direkte, ehrliche, schmerzhafte Fragen:

„Stimmt das, dass die Erde kaputtgeht?"

„Wird es später noch Bäume geben?"

„Warum ist Mama traurig, wenn sie Nachrichten hört?"

„Wird es auch noch Tiere geben, wenn ich groß bin?"

Und dann stehen wir da – zwischen dem Wunsch, zu schützen, und der Pflicht, nicht zu lügen.

Was Kinder wirklich brauchen

Kinder brauchen keine Details über CO_2-Werte.

Keine Katastrophendiagramme.

Keine apokalyptischen Prognosen.

Was sie brauchen, ist:

- **Zugewandte Erwachsene**, die emotional erreichbar sind
- **Verlässlichkeit und Geborgenheit**
- **Antworten, die ehrlich, aber altersgerecht sind**
- **Gefühlte Sicherheit** – auch wenn die Welt unsicher ist
- **Ermutigung**, dass sie nicht ohnmächtig sind

Es geht nicht darum, die Realität zu verharmlosen –

sondern sie so zu übersetzen, dass Kinder sie verdauen können.

Was du sagen kannst – je nach Alter & Entwicklungsstufe

Kind sagt ...	Du könntest antworten:
„Stimmt es, dass der Regenwald verschwindet?"	„Ja, viele Bäume wurden gefällt – aber es gibt Menschen, die neue pflanzen. Und wir achten mit darauf."
„Warum ist es draußen so heiß?"	„Das Klima verändert sich gerade. Wir Erwachsene müssen besser auf die Erde aufpassen."
„Warum reden alle vom Klima?"	„Weil es wichtig ist. Und weil wir gemeinsam überlegen, wie wir die Erde gesund halten können."
„Wird es die Tiere noch geben, wenn ich groß bin?"	„Manche Tiere sind bedroht – aber es gibt viele Menschen, die sie schützen. Auch du kannst helfen."

Was du vermeiden solltest

- Schuld auf das Kind laden („Wenn ihr später alles ausbaden müsst ...")
- Katastrophenbilder unreflektiert zeigen
- Überdramatisierung („Wenn wir nichts tun, wird alles zerstört")
- Deine eigene Angst ungefiltert abladen
- Versprechen machen, die du nicht halten kannst

Kinder brauchen Ehrlichkeit – aber in einer Sprache, die Halt gibt.

Wie du Kindern Mut machen kannst

- Zeige ihnen kleine Möglichkeiten, aktiv zu werden: Müllsammeln, Bäume pflanzen, Tiere schützen, achtsam konsumieren
- Lies Bücher, die Hoffnung vermitteln (z. B. „Die Geschichte vom kleinen Huhn", „Greta und die Großen")
- Zeige Vorbilder, die handeln – nicht nur warnen
- Ermutige ihre Fragen und Fantasie
- Lache mit ihnen. Spiele. Erlebe Natur. Denn: **Was man liebt, schützt man.**

Reflexionsfrage für dich als Erwachsene*r

Wie hätte ich mir als Kind gewünscht, dass man mit mir über die Welt spricht?

Was hätte mir geholfen, mich nicht klein und machtlos zu fühlen – sondern neugierig und wichtig?

Kinder sind nicht zerbrechlich – wenn sie Verbundenheit spüren

Sie müssen nicht alles wissen.

Aber sie dürfen merken:

„Die Welt ist nicht perfekt – aber ich bin nicht allein.

Und ich bin nicht zu klein, um etwas zu bewirken."

19. Organisationen, Projekte & Menschen, die Hoffnung geben

Zwischen all den schlechten Nachrichten, den Kipppunkten, den Endzeitprognosen,

gibt es sie – oft leise, manchmal unsichtbar:

Die Wandelmacher*innen.

Menschen, Gruppen und Projekte, die sich Tag für Tag dafür einsetzen,

dass diese Welt nicht untergeht – sondern sich erneuert.

Dieses Kapitel ist eine Einladung,

dich mit ihnen zu verbinden – im Geiste, digital oder direkt.

Was Hoffnung wirklich ist – und was nicht

Hoffnung ist nicht:

- das blinde Vertrauen, dass schon alles gut wird
- ein Ausweichen vor unangenehmen Wahrheiten
- ein Gefühl, das andere dir geben müssen

Hoffnung ist:

- ein innerer Entschluss, *nicht aufzugeben*
- ein Wissen, dass Wandel möglich ist – auch wenn er Zeit braucht
- eine Form von aktiver Liebe zur Welt

Und genau diese Form von Hoffnung wächst dort,

wo Menschen gemeinsam handeln – konkret, lokal, spürbar.

Beispiele für echte Hoffnungsträger*innen

1. Fridays for Future

Junge Menschen, die weltweit demonstrieren, sich organisieren, Bildung fordern, und politischen Druck aufbauen – mit Herz, Verstand und Ausdauer.

2. Greenpeace & Extinction Rebellion

Ziviler Widerstand, kreative Aktionen, investigativer Journalismus – mutige Menschen, die unbequem bleiben und nicht weggucken.

3. Ecosia

Eine alternative Suchmaschine, die mit jedem Klick Bäume pflanzt. Über 180 Millionen Bäume weltweit – finanziert durch Werbeeinnahmen.

4. The Ocean Cleanup

Ein internationales Projekt, das Meere und Flüsse systematisch von Plastik befreit – mit technischer Innovation und globalem Denken.

5. Tomorrow Bank, Triodos & GLS Bank

Nachhaltige Banken, die dein Geld nicht in Rüstung, Kohle oder Ausbeutung stecken – sondern in Projekte mit Sinn und Zukunft.

6. lokale Projekte & Initiativen

- Urban Gardening in Innenstädten
- Fahrradwerkstätten in Kitas
- Zero-Waste-Läden
- Bildungsprojekte in Schulen
- Reparaturcafés, Kleidertauschbörsen, Solidarische Landwirtschaften

Jede Stadt, jedes Dorf hat seine Hoffnungsecken.

Manchmal musst du sie suchen.

Manchmal wirst du sie – indem du selbst beginnst.

Was diese Projekte gemeinsam haben
- Sie sind nicht perfekt – aber sie bewegen etwas
- Sie machen nicht alles richtig – aber sie machen überhaupt
- Sie geben Halt, Verbindung, Ideen
- Sie zeigen: *Du bist nicht allein*

Deine Einladung: Finde deinen Ort der Hoffnung
Beantworte für dich:
- Welche Initiative inspiriert mich – ohne mich zu überfordern?
- Was wäre ein erster, kleiner Schritt, um mich zu verbinden – sei es digital oder real?
- Gibt es Menschen, mit denen ich gemeinsam etwas starten möchte?
- Welches Projekt in meiner Stadt/Landkreis habe ich bisher übersehen?

Hoffnung wächst dort, wo Menschen sich zusammentun
Du musst nicht alles neu erfinden.
Aber du darfst dich erinnern:
Es gibt schon so viel Gutes.
Und du kannst Teil davon sein.
Ob als Mitdenkender, *Mitmachende*r oder einfach als jemand, der sagt: *„Ich sehe euch. Ich glaube an euch."*
Denn auch das verändert mehr, als du denkst.

86

20. Deine Stimme zählt – auch ohne Bühne

Vielleicht denkst du manchmal:

„Ich bin zu leise."

„Ich bin nicht sichtbar genug."

„Ich hab keine Reichweite, kein Netzwerk, keine Plattform."

„Was bringt es, wenn ich etwas sage – es hört doch eh niemand zu."

Doch hier kommt eine Wahrheit, die du tief verinnerlichen darfst:

Auch die leisen Stimmen zählen. Gerade sie.

Nicht jede Stimme verändert ein ganzes System.

Aber jede Stimme verändert ein Gespräch.

Ein Gefühl. Eine Perspektive.

Und manchmal ein ganzes Leben.

Was zählt, ist nicht die Lautstärke – sondern die Aufrichtigkeit
Deine Stimme wirkt ...

- wenn du in einem Gespräch einen neuen Gedanken einbringst
- wenn du einem Kind erklärst, warum Bäume wichtig sind
- wenn du einen stillen Text teilst, der andere berührt
- wenn du ehrlich sagst: *„Ich habe Angst – aber ich gebe nicht auf"*
- wenn du zeigst: Es geht auch anders

Du brauchst keine 10.000 Follower –

du brauchst den Mut, du selbst zu sein.

Auch im Kleinen. Auch im Unperfekten.

Wo deine Stimme wirken kann

Ort	Mögliche Wirkung
Im Freundeskreis	Themen ansprechen, die sonst verdrängt werden
In der Familie	Haltung zeigen, ohne zu verletzen
In deiner Uni / Schule	Fragen stellen, Debatten anregen, Projekte starten
Online	Inspirierende Inhalte teilen, andere empowern
Im Alltag	Verhalten vorleben, das zum Nachdenken anregt

Deine Stimme ist **nicht nur das, was du sagst** –

sie ist auch das, wie du lebst.

Was du tust. Was du lässt. Was du zulässt.

Und was, wenn du (noch) nichts sagen willst?

Dann ist auch das okay.

Denn deine Stimme darf wachsen.

In deinem Tempo.

Ohne Druck.

Du darfst lauschen, lesen, spüren –

und erst dann sprechen, wenn du dich bereit fühlst.

Schweigen ist kein Versagen.

Es ist oft der Ort, an dem deine wahre Stimme geboren wird.

Reflexionsimpuls: Deine stille Wirkung

Nimm dir einen Moment und schreib auf:

- Wann habe ich zuletzt etwas gesagt, das ehrlich war – auch wenn es leise war?
- Wer hat mir mal gesagt: *„Das hat mich berührt"* – ohne dass ich laut war?
- Wo könnte meine Stimme wirken, **ohne dass ich mich verstellen muss?**

Dein Dasein ist schon ein Beitrag

Du atmest. Du fühlst. Du sorgst dich. Du liebst.
Und all das – ist bereits Teil der Veränderung.
Vielleicht wirst du nie auf einer Bühne stehen.
Aber vielleicht bist du genau die Person,
die einem anderen Menschen den Mut gibt,
nicht aufzugeben.
Und das reicht.
Es reicht völlig.

Reflexion: Ein Brief an mein Zukunfts-Ich

Setz dich bequem hin.

Lehn dich zurück.

Stell dir vor: Es ist ein paar Jahre später. Vielleicht fünf.
Vielleicht zehn.

Die Welt hat sich verändert. Du hast dich verändert.

Und du schreibst dir selbst einen Brief – von heute aus.

Aus diesem Moment heraus.

Mit all dem, was du fühlst, denkst, hoffst.

Du musst niemandem gefallen.

Du musst nichts beweisen.

Du darfst einfach schreiben, was gerade echt ist.

Dein Brief könnte so beginnen …

Liebes Zukunfts-Ich,

Ich weiß nicht genau, wie es dir geht – aber ich hoffe, du bist stolz auf dich.
Heute sitze ich hier, in einer Zeit voller Widersprüche.
Die Welt macht mir Angst.
Aber sie macht mir auch Hoffnung.

Ich spüre so vieles gleichzeitig: Wut, Ohnmacht, Liebe, Kraft.
Und manchmal weiß ich nicht, wohin mit all dem.
Aber ich schreibe dir, um mich zu erinnern:
Dass ich nicht aufgegeben habe.
Dass ich gefühlt habe.
Dass ich versucht habe, aufrecht zu bleiben.

Vielleicht hast du schon mehr Klarheit.
Vielleicht lebst du anders, freier, mutiger.
Vielleicht erinnerst du dich an diesen Moment –
an den Tag, an dem ich diesen Brief geschrieben habe.

Ich wünsche dir,
dass du nicht verhärtet bist.
Dass du noch staunen kannst.
Dass du lachst.
Dass du liebst.

Und dass du weißt: Ich gebe mein Bestes. Auch jetzt.

In Liebe,

Dein damaliges Ich

91

Deine Aufgabe (wenn du magst):

- Schreibe deinen eigenen Brief an dein Zukunfts-Ich.
- Mach es auf Papier. Oder in dein Handy. Oder im Buch, falls Platz ist.
- Lies ihn in einem Jahr wieder. Oder in fünf.
- Oder nie – vielleicht reicht es, ihn jetzt zu schreiben.

Warum dieser Brief wichtig ist

Weil er dich erdet.

Weil er dich aus dem Lärm hebt – zurück zu dir selbst.

Weil er dich erinnert:

Du bist mehr als Reaktion. Du bist Richtung.

Teil 5 – Deine Zukunft ist kein Feind: Visionen statt Weltuntergang

21. Wie du wieder an Zukunft glauben kannst

Vielleicht hast du irgendwann aufgehört, dir deine Zukunft wirklich vorzustellen.

Nicht, weil du faul bist oder pessimistisch –

sondern weil die Bilder in deinem Kopf zu dunkel geworden sind.

Du denkst an Klimakollaps, Kipppunkte, Ressourcenkriege.

An brennende Wälder, schmelzendes Eis, soziale Instabilität.

Und du fragst dich:

Wie soll ich da noch an Zukunft glauben?

Wie soll ich Pläne machen, wenn alles unsicher ist?

Wozu träumen – wenn alles zerfällt?

Warum Zukunftsbilder so wichtig sind

Menschen brauchen Zukunft wie Pflanzen Licht.

Nicht, um sich Illusionen zu machen –

sondern um Richtung zu haben. Orientierung. Motivation.

Wenn dein inneres Zukunftsbild düster ist,

dann wird deine Energie lähmend, dein Denken ängstlich, dein Körper gestresst.

Doch:

Die Zukunft ist nicht geschrieben.

Sie ist kein festes Ziel. Kein fertiges Szenario.

Sie ist eine Bewegung. Ein Möglichkeitsraum.

Und du bist Teil davon.

Was Zukunftsglaube *nicht* ist

- Es ist **nicht**: Alles wird gut, egal was wir tun
- Es ist **nicht**: Die Probleme sind übertrieben
- Es ist **nicht**: Wenn ich nur positiv denke, löst sich alles

Was Zukunftsglaube *wirklich* ist

- Es ist der Glaube, dass Veränderung möglich ist
- Es ist die Entscheidung, in einem besseren Morgen mitzuwirken
- Es ist die Wahl, sich nicht von Angst, sondern von Sinn leiten zu lassen

---

Kleine Übung: Was, wenn es gut wird?

Beantworte schriftlich oder im Kopf:

1. **Was wäre, wenn wir es doch schaffen?**
   Wenn Gesellschaften umdenken, Städte grüner werden, Bildung sich wandelt, Konzerne Verantwortung übernehmen?
2. **Was wäre, wenn dein Engagement nicht umsonst ist?**
   Wenn dein Handeln Teil einer leisen Revolution ist?
3. **Was wäre, wenn du dich selbst in 10 Jahren anlächelst –**

   und sagst: „Gut, dass ich nicht aufgegeben habe."

Du brauchst nicht sofort die ganze Vision – nur ein Stück Hoffnung

Vielleicht kannst du dir nicht die ganze Zukunft vorstellen.

Aber vielleicht einen kleinen Teil:

- Ein Garten.
- Ein Kind, das lacht.
- Ein autofreier Platz.
- Ein Bach, der sauber ist.

94

- Ein Projekt, das aufblüht.
- Ein Abend mit Menschen, die verstanden haben.

Und aus diesem kleinen Bild wächst ein Gefühl:

„Vielleicht geht es doch. Vielleicht lohnt es sich."

> **Reflexionssatz für dich**
> *Ich darf an die Zukunft glauben,*
> *nicht weil sie sicher ist –*
> *sondern weil sie möglich ist.*
> *Und ich bin Teil davon.*

22. Positive Zukunftsbilder: Was, wenn es gut wird?

Wir sind es gewohnt, Zukunft in Krisenszenarien zu denken.

Dystopien, Kollaps, Chaos – das ist, was hängen bleibt.

Was Medien zeigen. Was Filme erzählen. Was im Schulunterricht durch Zahlen belegt wird.

Aber wo sind die Bilder, die uns **nähren**, nicht nur warnen?

- Bilder, die Lust machen auf das Morgen.
- Bilder, die zeigen, wie schön Wandel sein kann.
- Bilder, die uns **nicht lähmen, sondern stärken.**

Wer keine positiven Bilder in sich trägt,

läuft Gefahr, nur noch gegen etwas zu kämpfen –

statt für etwas zu leben.

Was sind positive Zukunftsbilder überhaupt?

Das sind Vorstellungen von einer Welt,

in der Mensch, Natur und Technologie in Einklang sind.

In der Gemeinschaft zählt – nicht Gier.

In der Arbeit sinnhaft, nicht ausbeuterisch ist.

In der Kinder aufwachsen, ohne Angst vor Flammen, Fluten oder Feindbildern.

Diese Bilder müssen **nicht utopisch** sein.

Nur glaubwürdig. Warm. Menschlich.

Beispiele für positive Zukunftsbilder

Stell dir vor:

- Städte voller Bäume, mit autofreien Zonen und Vogelgezwitscher
- Schulsysteme, die Resilienz und Achtsamkeit lehren – nicht nur Fakten

96

- Dörfer, in denen Gemeinschaftsgärten wachsen und Menschen füreinander kochen
- Supermärkte ohne Plastik, Energie aus Sonnenlicht, Lieferketten mit Herz
- Ein Alltag mit weniger Stress, weniger Besitz, aber mehr Zeit
- Politik, die zuhört. Medien, die inspirieren. Unternehmen, die dienen statt zerstören.

Es klingt wie ein Traum?

Vielleicht.

Aber **jede große Veränderung beginnt mit einem Bild.**

Deine Übung: Zukunft visualisieren

Schreib, male oder beschreib in Gedanken:

1. **Wie sieht deine Stadt / dein Ort in einer besseren Zukunft aus?**
2. **Wie leben die Menschen dort miteinander?**
3. **Wie sieht dein Tag in dieser Welt aus?**
4. **Was gibt es nicht mehr? Was ist neu entstanden?**
5. **Wie fühlst du dich dort – im Körper, im Herz, im Kopf?**

Warum diese Übung kraftvoll ist

Weil dein Gehirn nicht unterscheidet

zwischen echten Erlebnissen und intensiv vorgestellten Bildern.

Wenn du dir regelmäßig positive Zukunft vorstellst,

trainierst du:

- Hoffnung statt Resignation
- Kreativität statt Blockade
- Handlungslust statt Rückzug
- Vertrauen statt Dauer-Alarm

97

*Zukunft ist nicht das, was kommt.
Zukunft ist das, was du mitgestaltest. *
Du darfst groß denken.
Du darfst Visionen spinnen, die heute noch niemand sieht.
Du darfst Utopien fühlen – nicht als Flucht,
sondern als **inneres Leitsystem**.
Denn wer sich ein gutes Morgen vorstellen kann,
wird heute anders handeln.

23. Die Rolle der Kunst, Musik und Geschichten im Wandel

Du kannst alle Daten der Welt kennen.

Alle Studien zitieren. Alle Zusammenhänge erklären.

Und trotzdem spürt dein Gegenüber: **nichts.**

Weil Wissen allein **keine Veränderung bewirkt.**

Aber:

- Eine **Melodie**, die dich weinen lässt
- Ein **Gedicht**, das dich nachts nicht schlafen lässt
- Eine **Szene in einem Film**, die dir den Atem raubt
- Eine **Graphic Novel**, die eine ganze Generation wachrüttelt

... das bleibt.

Das wirkt.

Das wandelt.

Wir erinnern nicht Fakten.

Wir erinnern Gefühle.

Und Kunst schafft genau das:

Verbindung durch Gefühl.

Warum Kunst Wandel beschleunigt

- Sie übersetzt Komplexes in **Empfindbares**
- Sie erreicht auch jene, die sich politischen Diskursen entziehen
- Sie inspiriert – statt zu belehren
- Sie schenkt neue Perspektiven
- Sie erlaubt Widerspruch, Zweifel, Emotion

99

Formen von Kunst, die Klimabewusstsein stärken

Kunstform	Beispiele für Wirkung
Musik	Protestlieder, Klanginstallationen über Gletscher-Schmelzen, Soundscapes aus bedrohten Lebensräumen
Literatur	Romane wie *„Die Geschichte der Bienen"*, Kurzgeschichten über postfossile Gesellschaften
Bildende Kunst	Installationen mit Plastikmüll, Streetart mit Utopie-Botschaften, Ausstellungen in leerstehenden Kaufhäusern
Theater & Film	Dystopien mit Hoffnungselementen (*Tomorrow, 2040*), Performances im öffentlichen Raum
Comics & Graphic Novels	visuelle Narrative, die junge Zielgruppen erreichen – z. B. *„Climate Changed"*
Tanz & Bewegung	Flashmobs, Körperkunst als Ausdruck von Natur, Zerbrechlichkeit und Widerstand

Dein Zugang: Schöpferisch oder empfangend

Du musst keine Künstlerin sein.

Aber du darfst dich fragen:

- Welche Lieder stärken mich, wenn ich zweifle?
- Welche Bilder holen mich aus der Angst?
- Welche Geschichten berühren mich so tief, dass ich handeln will?

100

Oder auch:

- Was möchte durch mich **ausgedrückt** werden?
- Gibt es Worte, Farben, Bewegungen, die in mir entstehen wollen?
- Könnte mein persönlicher Ausdruck ein Teil der kollektiven Stimme sein?

Veränderung beginnt oft dort,

wo Worte enden –

und Gefühl Form annimmt.

Kreativimpuls: Deine Botschaft an die Welt

Schreib eine Zeile, ein Gedicht, einen Satz, der dich bewegt.

Male ein Symbol. Denk dir ein Poster aus.

Stell dir vor, dein Werk hängt an einer Hauswand in deiner Stadt.

Was steht darauf?

Was willst du sagen –

wenn niemand dich unterbricht?

Was bleibt, wenn Worte berühren: Erinnerung. Verbindung. Bewegung.

Die großen Transformationen der Menschheitsgeschichte

wurden nie nur von Strategien getragen –

sondern immer auch von **Bildern, Liedern, Gedichten und Mut.**

Du bist Teil dieser Geschichte.

Ob lesend oder schreibend.

Hörend oder singend.

Staunend oder malend.

Lass dich berühren – und berühre andere.

Denn Gefühle, die geteilt werden, verändern Welten.

24. Utopien denken lernen – ein Training für den Kopf

Das Wort *Utopie* klingt für viele nach Weltflucht, Träumerei, naiver Phantasie.

Aber was, wenn das Gegenteil wahr ist?

Was, wenn Utopien nicht weltfremd sind –

sondern überlebensnotwendig?

In einer Welt voller Krisen, Kontrollverlust und Desillusionierung ist die Fähigkeit, sich etwas **radikal Besseres** vorzustellen, kein Luxus – sondern ein **Akt des Widerstands.**

Warum Utopien wichtig sind

- Sie geben deinem Denken Richtung
- Sie helfen dir, über bestehende Systeme hinaus zu denken
- Sie setzen **neue Maßstäbe**, wo alte ausgedient haben
- Sie holen dich raus aus dem „So war's schon immer"
- Sie wecken Neugier, Mut, Kreativität

Denn:

Was du dir nicht vorstellen kannst, kannst du nicht umsetzen.

Und was du dir nicht zutraust zu denken, wirst du nie sagen – geschweige denn leben.

Was eine Utopie ist – und was nicht

Utopie ist ...	Utopie ist nicht ...
Ein Möglichkeitsraum	Eine Garantie
Ein Denkspiel mit Wirkung	Ein naiver Fluchtgedanke
Ein Impuls zur Veränderung	Eine fixe Vision, die nie scheitern darf

Utopie ist ...	Utopie ist nicht ...
Ein emotionaler Magnet für Engagement	Ein Plan für Perfektion
Etwas, das inspiriert – nicht kontrolliert	Etwas, das alle überzeugen muss

Übung: Utopie-Denken für Einsteiger*innen

Beantworte die folgenden Fragen frei, kreativ, ohne Zensur:

- **Wie sieht ein Alltag aus, in dem Arbeit nicht erschöpft, sondern nährt?**
- **Wie fühlt sich eine Schule an, die Lebensfreude vermittelt – statt Leistungsdruck?**
- **Wie klingt eine Stadt ohne Autos, ohne Sirenen, ohne Hetze?**
- **Wie könnte Politik funktionieren, wenn sie nicht auf Macht, sondern auf Mitgefühl basiert?**
- **Was, wenn Menschen anders mit der Natur leben – nicht als Eigentum, sondern als Verwandte?**
- **Was wäre ein echtes Wohlstandsmodell – jenseits von Besitz und Wachstum?**

Schreib, male, sprich. Aber vor allem:

Erlaube deinem Denken, groß zu werden.

Hindernisse auf dem Weg zur Utopie – und wie du sie überwindest

1. **„Das ist doch unrealistisch."**

   – Realistisch war auch mal, dass Frauen nicht wählen dürfen.

   Oder dass man für ein Telefongespräch kilometerweit laufen musste.

2. **„Ich bin nicht kreativ."**

   – Utopisches Denken ist keine Kunstbegabung. Es ist ein Muskel. Und du trainierst ihn gerade.

3. **„Ich will keine falschen Hoffnungen machen."**

   – Hoffnung ist kein Versprechen. Sie ist ein inneres Licht. Und Licht darf leuchten.

Warum Utopien dein Denken heilen können

In einer Welt, die dich lehrt, dass es „nicht reicht"

– weder du, noch dein Beitrag, noch die Zeit –

sind Utopien ein Gegengift:

Sie sagen:

„Doch, es geht.

Vielleicht anders. Vielleicht kleiner.

Aber es geht."

Reflexionsimpuls
Welche Utopie würde ich denken,
wenn ich keine Angst hätte, belächelt zu werden?

---

25. Was bleibt, wenn nichts bleibt? Vertrauen und Wandel

Vielleicht kennst du diesen Moment:

Du hast alles versucht – und es reicht nicht.

Du hast dich informiert, engagiert, angepasst, verändert –

und trotzdem scheint die Welt aus den Fugen zu geraten.

Was, wenn es nie genug ist?

Was, wenn alles zu spät ist?

Und dann stehst du da. Mit leeren Händen.

Mit müder Hoffnung.

Und fragst dich: **Was bleibt?**

Die Antwort ist nicht laut. Sie flüstert.

„Ich bleibe."

„Ich bleibe in Verbindung."

„Ich bleibe im Vertrauen – auch wenn ich nichts kontrolliere."

Denn:

Vertrauen ist kein Zustand. Es ist eine **Praxis.**

Eine tägliche Entscheidung,

nicht alles wissen zu müssen, um weiterzugehen.

Was Vertrauen wirklich ist

Vertrauen ist ...	Vertrauen ist nicht ...
Eine innere Haltung	Ein Versprechen auf Sicherheit
Beweglich und anpassbar	Starr und blind
Eine Entscheidung für Verbindung	Ein Ignorieren der Realität
Ein leiser Mut	Kein lautes Durchhalten

Warum Wandel nicht linear ist

Wir denken oft:

Wandel = Fortschritt = besser = Ziel erreicht.

Doch echter Wandel ist chaotisch, widersprüchlich, manchmal schmerzhaft.

Er folgt keinem Plan. Sondern **Rhythmen.**

Kollektiver Wandel ist wie persönliches Wachstum:

- Zwei Schritte vor, einer zurück
- Erkenntnisse, Rückfälle, Neuanfänge
- Zweifel, dann wieder Klarheit
- Stillstand – und plötzlich Bewegung

Reflexion: Wo habe ich Wandel schon erlebt?

Frage dich:

- Wo in meinem Leben hat sich etwas gewandelt – obwohl ich es nicht für möglich gehalten hätte?
- Welche innere Stärke kam erst durch das Chaos ans Licht?
- Wo war der Schmerz ein Durchgang – nicht das Ende?

Diese Fragen sind kein Optimismus-Training.

Sondern ein Erinnern:

Wandel ist Teil deiner Biografie.

Und wenn du dich auf dich selbst verlassen kannst –

kannst du auch auf die Bewegung des Lebens vertrauen.

Was bleibt, wenn alles zerfällt?

Du.

Dein Herz.

Deine Verbundenheit.

Dein Atem.

Dein inneres Licht.

Dein Entschluss, **Mensch zu bleiben – in unmenschlichen**

Zeiten.

Abschlussimpuls

Ich vertraue nicht, weil ich sicher bin.

Ich vertraue, weil ich lebendig bin.

Und das reicht.

Manchmal reicht genau das.

Schlusswort – Du bist Teil der Lösung

Vielleicht hast du dir dieses Buch gekauft,
weil du Angst hast.
Weil du nachts wachliegst.
Weil du das Gefühl hast, verrückt zu sein in einer Welt,
die weiter konsumiert, zerstört, ausblendet.

Vielleicht hast du gedacht:
„Ich funktioniere nicht mehr richtig."

Aber ich sage dir:
Du funktionierst vollkommen richtig.
Denn du spürst.
Du fühlst.
Du bist verbunden.

In einer Welt, die Gefühle abwertet,
ist deine Angst kein Defekt –
sondern ein **Beweis deiner Wachheit.**

Du bist nicht ohnmächtig – du bist lebendig

Du kannst nicht alles retten.
Nicht die Welt. Nicht einmal deine Stadt.
Aber du kannst **deine Integrität retten.**

Du kannst Mensch bleiben.
Sorgend. Mitfühlend.
Feinfühlig. Verletzlich. Kraftvoll.

Und das ist kein bisschen weniger wert
als jede Petition, jede Demo, jede Reform.

Es ist der **Nährboden für alles, was kommt.**

Danke, dass du dich sorgst. Jetzt sorge gut für dich.

Vielleicht brauchst du jetzt eine Pause.
Oder willst gleich weiterdenken, weiterwirken.
Beides ist okay.

Aber bitte:
Vergiss dich nicht.
Du bist nicht nur Aktivistin, Mahnerin, Wissende.
Du bist auch ein Mensch mit Herz, Haut und Seele.

Du darfst atmen.
Lachen.
Weinen.
Tanzt du? Tanz.

Die Welt braucht nicht deine Erschöpfung –
sondern deine lebendige Gegenwart.

Danke, dass du hier warst.
Danke, dass du bleibst.

Und wenn du irgendwann zurückkommst zu diesem Buch –
wirst du merken:
Nicht nur die Welt hat sich verändert.
Auch du.

BONUS-Teil: Hoffnung leben, Wandel gestalten

Checklisten für den Alltag – kleine Taten, große Wirkung

Diese Listen sind nicht vollständig.
Und sie sind kein Wettbewerb.
Du darfst auswählen, was für dich passt – und was sich *gut* anfühlt.
Denn nachhaltiger Wandel beginnt nicht mit Perfektion, sondern mit dem **ersten kleinen Schritt.**

🛒 Alltag & Konsum – nachhaltiger leben ohne Verzicht

[ ] Ich kaufe regional und saisonal ein
[ ] Ich kaufe häufiger auf dem Markt oder im Unverpackt-Laden
[ ] Ich reduziere tierische Produkte (z. B. 3 vegane Tage pro Woche)
[ ] Ich achte auf Bio- und Fairtrade-Siegel
[ ] Ich kaufe weniger – dafür bewusster
[ ] Ich repariere Dinge, bevor ich sie neu kaufe
[ ] Ich nutze Secondhand-Plattformen (z. B. Vinted, eBay Kleinanzeigen)
[ ] Ich leihe oder teile Dinge (z. B. Werkzeug, Kleidung, Bücher)

🚲 Mobilität & Reisen – klimafreundlicher unterwegs

[ ] Ich fahre kurze Strecken mit dem Rad oder zu Fuß
[ ] Ich nutze Bus & Bahn statt Auto – wo möglich
[ ] Ich verzichte auf innereuropäische Flüge

[ ] Ich kombiniere Reisen mit längeren Aufenthalten (slow travel)
[ ] Ich probiere Carsharing oder Mitfahrgelegenheiten aus
[ ] Ich plane Urlaub auch mal im eigenen Land oder Nachbarland

⚡ Energie & Wohnen – kleine Änderungen, große Wirkung

[ ] Ich heize bewusst (max. 20 Grad in Wohnräumen)
[ ] Ich lüfte stoßweise statt dauerhaft
[ ] Ich achte auf Ökostrom (z. B. über Wechselportale wie „Wechselpilot")
[ ] Ich dusche kürzer – 3 bis 5 Minuten
[ ] Ich schalte Geräte komplett aus – nicht auf Standby
[ ] Ich ersetze alte Glühbirnen durch LEDs
[ ] Ich ziehe bewusst Stecker bei Geräten, die ich selten nutze

🗑 Müllvermeidung & Recycling

[ ] Ich trenne meinen Müll sorgfältig
[ ] Ich reduziere Einwegprodukte (z. B. Coffee-to-go-Becher)
[ ] Ich habe immer eine Stofftasche dabei
[ ] Ich verzichte auf Produkte mit Mikroplastik (z. B. in Kosmetik)
[ ] Ich nutze Nachfüllpackungen und feste Produkte (z. B. Seife, Shampoo)
[ ] Ich sammele Müll beim Spazierengehen („Plogging")
[ ] Ich motiviere meine Familie/Freunde zur Müllvermeidung

💻 Digitaler Konsum – oft übersehen, aber wirkungsvoll

[ ] Ich streame weniger in HD, wenn es nicht nötig ist
[ ] Ich lösche regelmäßig E-Mails und Dateien (Datenmüll = Stromverbrauch!)
[ ] Ich nutze nachhaltige Suchmaschinen (z. B. Ecosia)

[ ] Ich hinterfrage Onlinekäufe: Brauche ich das wirklich?

[ ] Ich lege regelmäßig bildschirmfreie Zeiten ein

[ ] Ich folge mehr inspirierenden als konsumorientierten Kanälen

---

🗨 Aufklärung & Einfluss – andere erreichen, ohne zu nerven

[ ] Ich spreche mit Freund*innen über meine nachhaltigen Veränderungen

[ ] Ich teile Infos auf Social Media (respektvoll & sachlich)

[ ] Ich schlage nachhaltige Alternativen vor, statt zu kritisieren

[ ] Ich unterstütze Petitionen, lokale Initiativen oder Vereine

[ ] Ich gehe wählen – und informiere mich über klimapolitische Positionen

[ ] Ich lasse mein Verhalten für sich wirken – Vorbild statt Moralkeule

---

✅ Extra: Mein persönlicher Klima-Fokus für diesen Monat

✍ In welchem Bereich möchtest du dich weiterentwickeln? Schreibe hier einen kleinen Vorsatz oder Fokus auf:

👉 **Mein Fokus:**

✅ Kleine Schritte, die ich in den nächsten Wochen gehen will:

1. _____

2. _____

3. _____

112

Was du wirklich bewirkst – auch als Einzelperson

Warum dein Beitrag zählt – und wie du andere mitziehst

Du trennst Müll. Du isst weniger Fleisch. Du unterschreibst Petitionen.

Und trotzdem fliegen andere dreimal im Jahr nach Dubai, werfen Coffee-to-go-Becher in den Park und sagen: „Dein Verzicht bringt doch eh nichts."

Und plötzlich stehst du da – mit deinem Bio-Käse und deiner Wut.

Und fragst dich: *Warum mache ich das überhaupt?*

Das Problem: Der Mythos vom "Tropfen auf dem heißen Stein"

Der Satz „Was bringt es schon, wenn ich…?" klingt harmlos, aber er ist gefährlich.

Denn er untergräbt Selbstwirksamkeit.

Und genau das ist das Gegenteil von dem, was wir jetzt brauchen.

Hier ist die Wahrheit:

Mythos	Realität
Ich kann allein nichts bewirken.	Jede Veränderung beginnt mit Einzelnen.
Mein Verhalten macht keinen Unterschied.	Verhalten wirkt ansteckend – bewusst und unbewusst.
Die großen Hebel liegen bei der Politik.	Politischer Druck entsteht oft durch zivilgesellschaftlichen Wandel.
Ich bin nicht wichtig.	Du bist Teil eines Netzes. Jeder Knotenpunkt zählt.

113

Was Studien sagen: Verhalten ist ansteckend

Wissenschaftlich belegt:

Wenn Menschen nachhaltiger leben, beeinflussen sie damit ihr Umfeld – oft unbewusst.

Beispiele aus der Forschung:

- Eine Person, die auf Fleisch verzichtet, **inspiriert bis zu fünf Menschen**, ihr Konsumverhalten zu überdenken. *(Quelle: University of Oxford, 2019)*

- Menschen ändern ihr Verhalten **eher**, wenn sie in der Umgebung Menschen sehen, die sich engagieren. *(Quelle: Nature Climate Change, 2018)*

- Der „sozialen Norm" zu folgen, ist **stärker als logische Argumente.** *(Beispiel: Wenn Nachbarn mehr recyceln, steigt die Recyclingquote im ganzen Wohnviertel)*

Was du bewirkst – sichtbar & unsichtbar

⬤ **Sichtbare Wirkung**

- Weniger CO_2-Ausstoß durch eigene Entscheidungen

- Bewusste Kaufkraft für faire Produkte

- Unterstützung nachhaltiger Unternehmen

⬤ **Unsichtbare Wirkung**

- Vorbild für Kinder, Freund*innen*, *Kolleg*innen

- Veränderung in Gesprächen & Perspektiven

- Motivation für andere, selbst aktiv zu werden

- Kulturelle Verschiebung in deinem Umfeld

Reflexion: Wer hat *dich* inspiriert?

- Gab es einen Menschen, der bei dir den ersten Impuls ausgelöst hat?

- Ein Buch, ein Video, ein Gespräch, ein Vorbild?

Dann erinnere dich:

Du kannst für andere genau dieser Mensch sein.

Kettenreaktionen statt Einzelaktionen

Du bist kein Tropfen auf dem heißen Stein.
Du bist der erste Tropfen einer Welle.

Ein Mensch mit Klarheit und Mut kann:

- Gespräche öffnen

- Narrative verschieben

- Ideen pflanzen

- Verhalten anstecken

- Hoffnung in Bewegung übersetzen

Fazit: Du darfst leuchten – auch wenn andere noch im Schatten stehen

Dein Licht muss niemand blenden.
Aber es darf leuchten.
Denn jedes Leuchten ist ein Signal:
„Es geht auch anders."

Und wer dich sieht, denkt vielleicht zum ersten Mal:
„Vielleicht kann ich auch was tun."

115

Wissenschaftliche Lichtblicke – Zahlen & Fakten, die Mut machen

Klimawandel verstehen, ohne die Hoffnung zu verlieren

Wir leben in einer Zeit, in der schlechte Nachrichten sich lauter anfühlen als alles andere.

Doch während Katastrophen oft die Schlagzeilen dominieren, geschieht gleichzeitig etwas Erstaunliches:

Eine stille Revolution.

Und die sieht so aus:

Erneuerbare Energien sind auf dem Vormarsch

- 2023 wurden weltweit **83 % aller neuen Kraftwerkskapazitäten** aus erneuerbaren Quellen gebaut.
  (Quelle: International Energy Agency, IEA, World Energy Outlook 2023)

- In Europa stammt mittlerweile **mehr Strom aus Sonne und Wind** als aus Kohle.
  (Quelle: Ember Climate Report, 2023)

- Die **Kosten für Solarenergie** sind seit 2010 um über **90 % gesunken** – sie ist heute oft die günstigste Energieform.
  (Quelle: IRENA, 2022)

116

Städte werden lebenswerter – für Mensch und Klima

- Paris hat über **1.000 km neue Radwege** gebaut – in nur 4 Jahren.
  (Quelle: Le Monde, 2023)

- Immer mehr Städte setzen auf **15-Minuten-Konzepte**: Alles, was man braucht, ist zu Fuß oder mit dem Rad erreichbar.
  (Beispiel: Barcelona, Kopenhagen, Utrecht)

- Weltweit entstehen über **350 neue "Green Cities"**, die Klimaschutz und Lebensqualität zusammen denken.
  (Quelle: UN Habitat, 2022)

Technologische Innovationen schaffen neue Chancen

- Forschende arbeiten an **Klimabeton**, der CO_2 aus der Luft zieht.
  (ETH Zürich, 2023)

- Neue Methoden der **Aufforstung und Bodenbindung** können enorme Mengen CO_2 speichern.
  (z. B. regenerative Landwirtschaft)

- Start-ups entwickeln **biologisch abbaubare Kunststoffe**, die Mikroplastik vermeiden.
  (Beispiel: Sulapac, Finnland)

Weltweite Klimabewegung wächst – besonders unter jungen Menschen

- Über **70 % der 16- bis 25-Jährigen** weltweit sind laut Studien bereit, ihr Leben nachhaltiger zu gestalten. *(Quelle: Lancet Planetary Health, 2021)*

- In über **190 Ländern** gibt es mittlerweile lokale Initiativen, Fridays-for-Future-Gruppen oder Klimaprojekte. *(Quelle: climateclock.world)*

- Die **Generation Z** gilt als die engagierteste Umweltgeneration der Geschichte. *(UNESCO Bericht, 2023)*

Was du aus diesen Fakten mitnehmen darfst

1. **Du bist nicht allein.**
   Millionen Menschen weltweit bewegen sich – im Kleinen wie im Großen.

2. **Die Lösungen sind da.**
   Viele Technologien existieren bereits – sie brauchen jetzt politische und gesellschaftliche Umsetzung.

3. **Wir sind schneller als gedacht.**
   Entwicklungen, die einst Jahrzehnte dauerten, passieren heute in wenigen Jahren.

4. **Hoffnung ist nicht naiv.**
   Hoffnung ist der Blick auf das, was möglich ist – nicht der Verzicht auf Realismus.

Reflexion: Welche dieser Fakten berührt dich am meisten?

Schreib dir einen Fakt heraus, der dir Mut macht.

Lies ihn immer wieder, wenn du zweifelst.

Erinnere dich: Es gibt Grund zur Sorge –

aber auch Grund zur Hoffnung.

Wie du Hoffnung weitergibst – freundlich aufklären statt belehren

Inspiration statt Druck – Wirkung statt Widerstand

Vielleicht kennst du das:

Du erzählst, was du veränderst – und plötzlich bekommst du Gegenwind.

Sprüche wie:

- *„Jetzt fang du auch noch an mit dem Öko-Kram."*

- *„Klimawandel? Gibt's doch schon immer."*

- *„Du willst mir also vorschreiben, wie ich zu leben habe?"*

Solche Reaktionen sind frustrierend – vor allem, wenn deine Motivation rein ist.

Du willst niemanden belehren.

Du willst nur Hoffnung teilen.

Und zeigen: **Es geht auch anders.**

Wie also gelingt das?

---

1. Geh von dir aus – nicht gegen andere

Statt:

„Warum kaufst du noch Fast Fashion?"
Sag lieber:
„Ich hab entdeckt, wie viel Spaß Secondhand macht – ich fühl mich viel wohler dabei."

Menschen öffnen sich eher, wenn sie sich **nicht kritisiert** fühlen.
Deine Geschichte wirkt mehr als dein Urteil.

2. Verwende Ich-Botschaften statt Anklage

Statt ...	Sag lieber ...
„Das ist umweltschädlich!"	„Ich hab gemerkt, wie gut es mir tut, xyz zu verändern."
„Du solltest ..."	„Ich hab für mich entdeckt, dass ..."
„Was du machst, ist falsch."	„Mir war früher auch nicht klar, wie groß der Effekt ist."

Dein Erleben ist nicht diskutierbar – es ist **authentisch.**
Und das öffnet Türen.

---

3. Lass Raum für Zweifel – und für Humor

- Du musst nicht auf jede Falschaussage reagieren.

- Du darfst Fragen stellen statt zu argumentieren.

- Du darfst auch mal sagen:
  „Ich bin selbst noch auf dem Weg. Aber der fühlt sich besser an."

Und: Ein Lächeln wirkt oft mehr als ein Vortrag.

---

4. Wähle passende Momente

Nicht jedes Gespräch eignet sich für große Themen.
Achte auf Offenheit, Ruhe, Verbindung.
Wenn jemand gestresst ist, genervt oder im

121

Verteidigungsmodus –
dann ist dein Einsatz verschwendet.

Timing ist Teil deines Wirkens.
Vertrau darauf, dass Gespräche nachwirken – manchmal viel
später.

---

5. Werde zur stillen Inspiration

Du musst nicht missionieren.
Du darfst **leben, was du glaubst.**
Und genau dadurch wirst du gesehen.

Menschen beobachten. Sie spüren.
Und wenn dein Handeln ruhig, ehrlich und überzeugend ist,
werden Fragen kommen.
Ganz von selbst.

🧠 Reflexionsfrage:

✍ In welcher Situation habe ich schon mal ein Umdenken bei
jemandem angestoßen – ohne es zu merken?

Was war meine Haltung dabei?
Was war anders als sonst?

Hoffnung ist wie ein Licht.
Wenn du es weitergibst, verlierst du nichts – du vervielfachst
es.

Selbstfürsorge statt Selbstaufgabe

Klimaschutz und psychische Gesundheit gemeinsam denken

„Ich habe Angst um die Welt – und gleichzeitig Angst, dass ich daran kaputtgehe."

Klimaschutz ist wichtig.
Engagement ist sinnvoll.
Aber: **Du darfst nicht dein eigener Preis sein.**

Dieses Kapitel ist für dich.
Für dein Nervensystem.
Für deine Energie.
Für deinen inneren Frieden.

Denn nur wenn du bei dir bleibst,
kannst du langfristig etwas bewegen.

Teil 1: Die gefährliche Falle der „Klimapflicht"

Viele Menschen mit Eco-Anxiety haben eine besonders
ausgeprägte Sensibilität und Verantwortungsbereitschaft.
Sie informieren sich, verzichten, engagieren sich – oft bis zur
Erschöpfung.

Doch:
Wer die Welt retten will, darf sich selbst nicht verlieren.

! Das Klima braucht Aktivität.
! Deine Seele braucht Pausen.
! Beides ist kein Widerspruch.

Warnzeichen für Selbstaufgabe im Namen des Klimas:

[ ] Ich fühle mich schuldig, wenn ich etwas genieße

[ ] Ich habe das Gefühl, nie genug zu tun

[ ] Ich ertrage keine Gespräche mehr, in denen Menschen "nichts kapieren"

[ ] Ich habe kaum noch Energie – aber mache trotzdem weiter

[ ] Ich spüre Reizbarkeit, Müdigkeit, inneren Rückzug

[ ] Ich verliere langsam das Gefühl von Hoffnung

Wenn du mehr als 3 Kästchen ankreuzt, ist es Zeit, innezuhalten.

Zeit, *nicht weniger zu fühlen* – sondern *mehr für dich zu sorgen.*

Teil 2: Selbstfürsorge ist kein Luxus – sondern Widerstand

In einer Welt, die Schnelligkeit, Funktionieren und äußeren Erfolg feiert,

ist es ein stiller Akt des Mutes,

sich selbst Raum zu geben.

Was Selbstfürsorge NICHT ist:

- Egoismus

- Ignoranz gegenüber der Welt

- Weltflucht oder Verdrängung

- Luxusproblem privilegierter Menschen

Was Selbstfürsorge IST:

- Energiepflege für langfristiges Wirken

- Psychohygiene in einer lauten Welt

- Tiefe Rückverbindung zu deiner inneren Mitte

- Akt der inneren Regeneration – wie ein Atemholen

Teil 3: Fünf Selbstfürsorge-Pfade für Klimaaktive

1. Nervensystem beruhigen – täglich

Das Klima ist chronischer Stressauslöser. Deshalb braucht dein Körper tägliche Regulation:

- 5-Minuten-Atemübungen (z. B. 4 Sekunden ein – 6 Sekunden aus)

- Barfußgehen auf Erde oder Gras

- Kaltes Wasser auf Hände oder Gesicht

- Stille in der Natur (Handy aus!)

- Gähnen – bewusst & oft (hilft dem Vagusnerv)

Mein Selbstregulations-Ritual:

2. Nachrichten-Fasten – selektiver Medienkonsum

- Nachrichten 1× am Tag checken – nicht ständig

- Qualität vor Quantität: gut recherchierte Quellen

- „Medienfreie Zonen" im Alltag schaffen (z. B. vor dem Schlafen)

Tipp: Richte dir einen Ordner mit **Hoffnungsmeldungen** ein. Lies gezielt auch gute Nachrichten.

---

3. Inneres Team pflegen – innere Stimmen hören

In dir wohnen viele Anteile: Die Idealistin. Die Erschöpfte. Die Hoffende. Die Ängstliche.

Nimm sie ernst. Hör ihnen zu.

- Schreib einen Dialog zwischen ihnen

- Frag sie: *Was brauchst du gerade?*

- Gib jeder Stimme Raum, ohne sie zu bewerten

Heute ist besonders laut in mir:

---

4. Zeit in der echten Welt – digital entlasten

Klimathemen finden oft online statt – und dort wird es laut, schnell, scharf.

Aber echte Nähe heilt.

- Spazierengehen mit einem Menschen, der dich versteht

- Gemeinsam kochen, basteln, lachen

- Offline-Zeiten bewusst einplanen

- Achtsamkeit im Alltag: Kauen, riechen, spüren

---

5. Sinn statt Schuld – deine Haltung entscheidet

Du musst nicht alles tun.
Aber du darfst **dein Warum finden.**

Stell dir vor:

- Du engagierst dich nicht aus Angst – sondern aus Liebe

- Du verzichtest nicht aus Zwang – sondern aus Verbundenheit

- Du kämpfst nicht gegen die Welt – sondern *für das Leben darin*

Mein tiefstes Warum für mein Engagement ist:

Teil 4: Du bist kein Projekt – du bist ein Mensch

Dieses Kapitel endet mit einer Einladung:

Leg die Schwere für einen Moment ab.
Nimm dir ein Glas Wasser.
Setz dich hin.

127

Atme.

Und sage dir leise:

Ich bin wichtig. Auch wenn ich nichts produziere.
Ich darf da sein. Auch wenn ich nichts rette.
Ich bin genug. Einfach so.

Ein Tag für dich – Selbstfürsorge-Retreat für schwierige Zeiten

Wenn alles zu viel wird – finde deinen Anker

Manche Tage sind schwer.
Zu viele Gedanken. Zu viele Nachrichten. Zu viel Welt.
Und genau dann brauchst du das Gegenteil:
Weniger. Einfachheit. Dich.

Dieser Tagesplan ist kein Muss.
Er ist eine Einladung.
Wähle aus, was dir guttut –
und erlaube dir, für 24 Stunden nicht zu retten, sondern **zu sein.**

◯ Morgens – Ankommen im Jetzt

✦ 1. Wach werden – ohne Bildschirm

- Leg dein Handy für die ersten 60 Minuten beiseite

- Atme bewusst ein und aus – 5-mal tief

- Lege eine Hand auf deinen Bauch, eine auf dein Herz

- Flüstere dir zu: *Ich bin hier. Ich bin sicher. Ich darf langsam machen.*

Reflexionsimpuls zum Start:

Wie geht es mir heute – wirklich?
Was darf heute weniger werden? Was darf mehr werden?

🖥 Vormittags – Körper spüren, Welt loslassen

⚪ Bewegung ohne Ziel

- 15 Minuten Spazierengehen (ohne Podcast, ohne Musik – nur du & Natur)

- Wenn möglich: Barfußgehen, Baum umarmen, Blätter berühren

⚫ Tee-Ritual

- Bereite dir einen Tee zu

- Setz dich ans Fenster – beobachte, ohne zu bewerten

- Trinke langsam, bewusst. Spüre: *Ich bin versorgt.*

🧠 Journaling:

Was beschäftigt mich gerade – und was gehört mir gar nicht?
Welche Gedanken kann ich heute ziehen lassen wie Wolken?

Mittag – Zeit zum Rückzug

📚 Leichtes Lesen oder kreatives Tun

- Kein Nachrichtenkonsum

- Stattdessen: Lieblingsbuch, Notizbuch, Malen, Stricken, Musik hören

- Alles, was dein Nervensystem beruhigt

🍽 Achtsames Essen

- Bereite dir eine einfache Mahlzeit mit frischen Zutaten

- Kein Scrollen beim Essen – nur schmecken, kauen, atmen

- Spüre: *Ich nähre mich – innerlich wie äußerlich.*

Nachmittag – Raum für Emotionen

🛁 Emotional Detox

- Wenn nötig: weinen

- Tagebuch schreiben

- Einen Brief an die Welt schreiben (du musst ihn nicht abschicken)

- Danach: Musik an – deine *Mut-Songliste*

- Optional: warmes Bad oder Dusche

✍ Schreibimpuls:
Was darf ich heute loslassen? Was trage ich, das nicht meins ist?

Abend – Zurück zur Ruhe

🕯 Kerzenzeit

- Zünde eine Kerze an

- Nimm dir 10 Minuten Stille. Ohne Plan. Ohne Ziel.

- Atme. Spüre. Sei.

131

Dankbarkeit & Hoffnung

- Schreibe 3 Dinge auf, die heute gut waren

- Und 1 Sache, auf die du dich morgen freust

- Lege die Hand auf dein Herz:
  „Ich war da. Ich bin da. Und das reicht.“

Nacht – Friedlich in den Schlaf

- Kein Social Media vor dem Einschlafen

- Stattdessen: sanfte Musik, Hörbuch oder Stille

- Schließe mit einem inneren Satz:

Ich bin nicht allein. Ich bin verbunden. Ich bin genug.
Und: *Ich darf morgen wieder neu beginnen.*

Mein Klima-Manifest – eine persönliche Erklärung

Wofür ich stehe, was ich trage, wie ich der Welt begegne

Dieses Kapitel ist kein Text zum Lesen – sondern ein Raum zum Fühlen.
Ein Platz, an dem deine Gedanken gehört werden.
Ein stilles Dokument deiner Wahrheit.

Du kannst es ausfüllen.
Umschreiben.
Löschen.
Neu beginnen.
Es ist dein innerer Kompass.

Ich glaube ...

Ich glaube,
dass jedes Leben zählt.
Dass Verbundenheit heilender ist als Kontrolle.
Dass wir Menschen Teil der Natur sind – nicht ihr Gegenüber.
Dass die Erde nicht „uns gehört",
sondern dass wir Gäste sind – mit Verantwortung.

Ich glaube,
dass Veränderung möglich ist –
und dass sie bei uns selbst beginnt.

Ich fühle ...

Ich fühle Schmerz, wenn ich sehe,
wie Wälder brennen, Tiere sterben, Meere ersticken.
Ich fühle Wut, wenn Gier größer ist als Mitgefühl.
Ich fühle Angst,
dass wir zu spät kommen.

Aber ich fühle auch:
Liebe.
Für diese Welt.
Für das Leben darin.
Für die Möglichkeit,
heute anders zu handeln als gestern.

Ich wähle ...

Ich wähle,
nicht zynisch zu werden.
Nicht bequem zu resignieren.
Ich wähle Hoffnung – auch wenn sie mir manchmal schwerfällt.

Ich wähle kleine Taten.
Bewusste Wege.
Weniger Lärm, mehr Wirkung.
Ich wähle Menschlichkeit vor Macht.
Klarheit vor Lautstärke.
Verantwortung vor Gleichgültigkeit.

Ich verspreche mir selbst ...

☐ mich nicht an meiner Angst zu messen,
sondern an meiner Liebe.
☐ mich nicht aufzuopfern,
aber auch nicht zu verschließen.
☐ mein Herz weich zu halten –
auch in einer harten Welt.
☐ auch in Ohnmacht beweglich zu bleiben.
☐ nicht perfekt zu sein – aber ehrlich.

Reflexion: (Platz zum Ausfüllen)

Wofür will ich stehen, wenn ich in zehn Jahren zurückblicke?

Was ist mein ganz eigener Beitrag – leise oder laut?

Welche Werte möchte ich in mir kultivieren – trotz allem?

Dieses Manifest gehört dir.
Bewahre es. Ergänze es. Lies es laut.
Oder schreib dein ganz eigenes.

135

Wusstest du schon? – 10 überraschende Fakten, die Hoffnung machen

Fakten für dein Herz – wissenschaftlich belegt & mutmachend

☑ **1. Der weltweite CO_2-Ausstoß pro Kopf sinkt langsam – aber stetig**

Zwischen 2013 und 2022 ist der **durchschnittliche Pro-Kopf-Ausstoß in Europa** um über 20 % gesunken.

➝ Das zeigt: Politische Maßnahmen, neue Technologien und Lebensstiländerungen **wirken.**

Quelle: European Environment Agency, 2023

☑ **2. Die Erde wird wieder grüner – durch gezielte Aufforstung**

Satelliten zeigen: Indien und China haben seit 2000 zu den Ländern mit dem **größten Zuwachs an Grünflächen** gehört.

➝ Grund sind massive Wiederaufforstungsprogramme und nachhaltige Landwirtschaft.

Quelle: NASA, 2019

☑ **3. Mehr als 50 Länder haben Netto-Null-Ziele beschlossen**

Darunter Großbritannien, Japan, Südkorea, Deutschland und Kanada.

→ Diese Staaten verpflichten sich gesetzlich, ihre Emissionen bis 2050 auf null zu senken.

Quelle: Climate Action Tracker, 2024

✅ **4. Solar- und Windenergie sind heute günstiger als fossile Energien**

In über 70 % der Weltregionen ist **erneuerbare Energie** die kostengünstigste Option beim Neubau.

→ Investitionen steigen exponentiell – mit Milliardenbeträgen jährlich.

Quelle: IRENA, 2023

✅ **5. Die Ozonschicht erholt sich – durch globale Zusammenarbeit**

Dank des Montreal-Protokolls erholt sich die Ozonschicht kontinuierlich.

→ Forscher*innen rechnen mit vollständiger Regeneration bis 2066.

Quelle: UNEP & WMO, 2022

✅ **6. Die Jugend ist engagierter als je zuvor**

Laut Studien engagieren sich mehr als **60 % der 16- bis 29-Jährigen** in Deutschland aktiv oder passiv für den Umweltschutz.

→ Die „Klimageneration" wächst – mutig, laut, kreativ.

Quelle: Shell Jugendstudie, 2021

✅ 7. Städte weltweit setzen auf Begrünung & Nachhaltigkeit

Kopenhagen, Amsterdam, Medellín, Singapur – alle investieren in **urbane Nachhaltigkeit, CO₂-arme Mobilität und Begrünung.**

➡ Städte gelten inzwischen als Schlüssel zur Klimawende.

Quelle: UN Habitat, 2023

✅ 8. Immer mehr Unternehmen werden klimaneutral – freiwillig

Rund 30 % der DAX-Unternehmen haben sich zum Ziel gesetzt, bis 2030 CO₂-neutral zu wirtschaften – oft **über gesetzliche Vorgaben hinaus.**

➡ Klimaschutz wird wirtschaftlich attraktiv.

📎 *Quelle: PwC, 2023*

✅ 9. Regenerative Landwirtschaft nimmt weltweit zu

Immer mehr Betriebe setzen auf Böden, die **CO₂ speichern statt freisetzen.**

➡ Das schützt das Klima und verbessert gleichzeitig die Artenvielfalt und Wasserspeicherung.

Quelle: FAO, 2023

✅ 10. Immer mehr Menschen leben bewusster – weltweit

- Der Markt für **Secondhand-Mode** wächst jährlich um 24 %

- **Plastikvermeidung** wird in immer mehr Ländern gesetzlich geregelt

- **Veganismus und vegetarische Ernährung** nehmen rasant zu

  → Das zeigt: **Verhalten ändert sich** – nicht langsam, sondern spürbar.

Quelle: Statista Global Consumer Survey, 2024

✅ **11. Der Fleischkonsum pro Kopf sinkt in Deutschland seit Jahren**

Seit 2018 isst die deutsche Bevölkerung jährlich weniger Fleisch – zuletzt auf einem Tiefstand von unter 52 kg pro Kopf (2023).
→ Ein klarer gesellschaftlicher Wandel hin zu bewusstem Essen.

Quelle: BLE (Bundesanstalt für Landwirtschaft und Ernährung), 2024

✅ **12. 2022 war das erste Jahr, in dem mehr Elektroautos als Dieselwagen neu zugelassen wurden (DE)**

→ Die Verkehrswende ist keine Zukunftsvision mehr – sie ist im vollen Gange.

Quelle: Kraftfahrt-Bundesamt, 2023

☑ **13. Mehr als 30 Länder haben Plastiktüten komplett verboten**

Darunter Ruanda, Bangladesch, Neuseeland und Frankreich. ➡ Selbst wirtschaftlich schwächere Staaten setzen konsequent auf Nachhaltigkeit.

Quelle: UN Environment Programme, 2023

☑ **14. Die Zahl der Klima-Startups hat sich in Europa innerhalb von 5 Jahren verdreifacht**

➡ Junge Gründer*innen entwickeln mit Innovationsgeist Lösungen für Energie, Ernährung, Mobilität und Recycling.

Quelle: EU Startups Report, 2024

☑ **15. In der Schweiz gibt es Schulen, in denen Klimabildung fest im Lehrplan verankert ist**

➡ Schon Grundschulkinder lernen dort praktische Umweltkompetenz – mit Gartenarbeit, Projekttagen & Zukunftsvisionen.

Quelle: Bildungsdirektion Zürich, 2022

☑ **16. Weltweit arbeiten mehr Menschen in erneuerbaren Energien als in der fossilen Industrie**

➡ Die globale Jobstruktur verschiebt sich – *grüne Arbeit ist die Zukunft.*

Quelle: ILO & IRENA, 2023

☑ **17. Finnland ist auf dem Weg, das erste Land der Welt mit einer klimaneutralen Bauwirtschaft zu werden**

➡ **Die skandinavische Architektur setzt auf Holz, Energieautarkie und Kreislaufprinzipien.**

Quelle: Finnish Ministry of the Environment, 2024

☑ **18. Immer mehr Banken schließen fossile Investments aus**

Unter anderem die GLS Bank, Triodos Bank, aber auch große Fonds wie BlackRock reduzieren Kohle, Öl & Gas aus ihren Portfolios.

Quelle: Global Fossil Fuel Divestment Database, 2024

☑ **19. Permakulturbewegungen boomen weltweit – auch in urbanen Räumen**

Ob Paris, Berlin oder Kapstadt – städtische Gärten entstehen auf Dächern, Hinterhöfen und Balkonen.
➡ **Ernährung und Klimaschutz rücken näher an die Menschen.**

Quelle: Urban Agriculture Worldwatch Report, 2023

☑ **20. Das „Earth Overshoot Date" verschiebt sich langsam wieder nach hinten**

2023 fiel es später als im Vorjahr – zum ersten Mal seit langer Zeit.

→ **Ein kleiner, aber messbarer Hinweis:** *Unsere Handlungen zeigen Wirkung.*

Quelle: Global Footprint Network, 2023

Fazit:

Du siehst:

Es gibt Licht.

Und es wird stärker – **auch wenn es nicht in den Schlagzeilen steht.**

Vielleicht ist es nicht zu spät. Vielleicht sind wir mittendrin.

Vielleicht ist die Geschichte noch nicht geschrieben.

Was ich meinen Kindern sagen will

Ein Brief an die, die nach uns kommen

Ihr werdet fragen.
Und ihr dürft das.
Ihr werdet fragen, warum wir so lange gezögert haben.
Warum wir weitergeflogen sind, obwohl wir es besser wussten.
Warum wir so viel zerstört und so wenig verändert haben.
Warum wir euch eine Welt hinterlassen,
in der das Gleichgewicht längst zerbrochen scheint.

Und ich werde da sitzen,
euch ansehen
und nicht alles beantworten können.

Ich werde vielleicht leise sagen:
„Wir hatten Angst."
Nicht nur vor dem, was kam –
sondern auch davor, uns zu verändern.
Wir hatten Angst vor Verlust,
vor Bequemlichkeitsentzug,
vor Schuld.
Vor uns selbst.

Aber ich werde euch auch erzählen:
Von den Menschen, die anders waren.
Von denen, die aufstanden.
Die protestierten, pflanzten, lernten, verzichteten.
Die sich gegen den Strom stellten,

143

obwohl sie wussten,
dass sie müde werden könnten.

Ich werde sagen:
„Ich habe es versucht."
Nicht immer laut, nicht immer perfekt –
aber ehrlich.
Ich habe gezögert, ja.
Aber ich bin auch gegangen.
Ich habe gelernt, Fragen zu stellen.
Ich habe meine Bequemlichkeit hinterfragt.
Ich habe aufgehört, mich klein zu machen
und damit begonnen, Verantwortung zu lieben.

Ich werde euch ansehen und hoffen,
dass ihr nicht nur Zorn spürt,
sondern auch Verbindung.
Dass ihr seht:
Die Geschichte war nicht schwarz oder weiß.
Sie war grau.
Und darin:
Licht.
Und Fehler.
Und Liebe.

Ich hoffe, dass ihr vergebt –
nicht um uns zu entlasten,
sondern weil Wut euch zu viel kosten würde.

Ich hoffe, dass ihr weitergeht –
nicht gegen uns,
sondern für euch.

144

Vielleicht ist das Wichtigste,
was ich euch sagen kann:

Ich habe euch nicht vergessen.
Auch wenn ihr noch nicht geboren wart.
Auch wenn ihr keinen Namen trugt.
Auch wenn eure Stimme noch fern war.
Ich habe euch in mir gespürt.
Und genau deswegen habe ich angefangen,
die Welt anders zu sehen.

Literaturverzeichnis & Quellen

1. Klimaangst, Psychologie & junge Generation

- Bundeszentrale für politische Bildung (bpb): *Was ist Klimaangst?* – Dossier Umwelt, 2023

- Deutsche Gesellschaft für Psychologie (DGPs): *Klimawandel und psychische Gesundheit*, 2022

- Stiftung Risiko-Dialog: *Jugend und Klima – Zwischen Machtlosigkeit und Aktivismus*, 2021

- Mücke, H.-G. (Hrsg.): *Klimawandel und Gesundheit*, Umweltbundesamt (UBA), 2020

- Böhme, Katja: *Eco-Anxiety – Wenn die Angst um die Welt zur Belastung wird*, Spektrum.de, 2023

- Schweizer Fernsehen (SRF): *Eco-Anxiety – Was tun, wenn der Klimawandel Angst macht?*, 2022

2. Selbstwirksamkeit, Verhalten & Klimakommunikation

- UBA: *Verhaltensänderung für mehr Klimaschutz – Psychologische Erkenntnisse und Empfehlungen*, 2021

- Klimafakten.de: *Handbuch Klimakommunikation – Wie man über den Klimawandel spricht, ohne zu lähmen*, 2023

- Ragnitz, J. (ifo Institut): *Der CO_2-Fußabdruck – Missverstanden und überschätzt?*, 2022

- Umweltpsychologie.de: *Warum handeln wir nicht – und wie doch?*, 2021

- Interviewreihe: *Was junge Menschen tun – und warum sie dranbleiben*, ZEIT Campus, 2022

- Freitag, S.: *Kleine Schritte, große Wirkung – Wie sich individuelles Verhalten summiert*, 2023

---

3. Mutmachende Fakten & wissenschaftlicher Fortschritt

- European Environment Agency: *Trends in greenhouse gas emissions in Europe*, 2023

- NASA Earth Observatory: *Greening of the Earth and its Drivers*, 2019

- Global Footprint Network: *Earth Overshoot Day verschiebt sich – Daten 2023*

- IRENA: *Renewable Power Generation Costs*, 2023

- Statista Global Consumer Survey: *Bewusstes Konsumverhalten in Europa*, 2024

- FAO: *Regenerative Agriculture and Climate*, 2023

- UBA: *Plastikvermeidung in Europa – Länder im Vergleich*, 2022

- PwC Klimabericht: *Klimaneutralität in Unternehmen – Zahlen und Ziele*, 2023

- Shell Jugendstudie: *Werte und Engagement junger Menschen in Deutschland*, 2021

- UN Habitat Report: *Green Cities and Urban Transformation*, 2023

---

4. Empfehlungen & vertiefende Impulse

- Krznaric, Roman: *Die gute Ahnen – Eine Geschichte über die Zukunft*, btb Verlag, 2021

- Welzer, Harald: *Alles könnte anders sein – Eine Gesellschaftsutopie für freie Menschen*, S. Fischer Verlag, 2019

- Kleber, Claus: *Save the World – Die Klimakrise aus Sicht der nächsten Generation*, Penguin, 2022

- Kalmus, Peter: *Being the Change: Live Well and Spark a Climate Revolution*, New Society Publishers, 2017 (engl.)

- Podcast: *Über Klima sprechen* (Klimafakten.de & Psychologists for Future)

- Dokumentation: *Dear Future Children* (2021), Regie: Franz Böhm